永葆千年芳华

——川渝石窟寺国家遗址公园建设路径探索

李远丹 ◎ 著

台海出版社

图书在版编目（CIP）数据

永葆千年芳华：川渝石窟寺国家遗址公园建设路径探索 / 李远丹著. —北京：台海出版社，2024.7.
ISBN 978-7-5168-3930-0

Ⅰ.K878

中国国家版本馆CIP数据核字20241TQ830号

永葆千年芳华：川渝石窟寺国家遗址公园建设路径探索

著　　者：	李远丹
责任编辑：	魏　敏

出版发行：台海出版社
地　　址：北京市东城区景山东街20号　　邮政编码：100009
电　　话：010-64041652（发行，邮购）
传　　真：01084045799（总编室）
网　　址：www.taimeng.org.cn/thcbs/default.htm
E－mail：thcbs@126.com

经　　销：全国新华书店
印　　刷：济南普林达印务有限公司
本书如有破损、缺页、装订错误，请与本社联系调换

开　　本：	880毫米×1230毫米　　1/32		
字　　数：	200千字	印　张：	8
版　　次：	2024年7月第1版	印　次：	2024年7月第1次印刷
书　　号：	ISBN 978-7-5168-3930-0		

定　　价：68.00元

版权所有　翻印必究

目录
CONTENTS

绪　论 ··· 001

第一章　千年芳华芳径觅踪
　　　　——川渝石窟寺文物溯源 ··· 008

　第一节　观芳华之生成
　　　　　——川渝石窟寺历史沿革 ·· 009

　第二节　睹芳华之芳容
　　　　　——川渝石窟寺现状浏览 ·· 013

　第三节　看芳华之特色
　　　　　——川渝石窟寺特点面面观 ······································· 035

　第四节　品芳华之内涵
　　　　　——川渝石窟寺的内涵及价值探析 ···························· 045

第二章　千年芳华保护杂说
　　　　——川渝石窟寺国家遗址公园建设研究综述 ················ 060

　第一节　如何做好保用结合
　　　　　——川渝石窟寺保护与利用的相关研究 ···················· 061

第二节　怎样建设遗址公园
　　——国家遗址公园建设研究综述 …………… 072

第三节　广泛汲取他山之石
　　——对国内外同类研究梳理之所得 …………… 079

第三章　芳华家园应运而生
　　——川渝石窟寺国家遗址公园建设刍探 …………… 081

第一节　芳华家园建设缘起
　　——川渝石窟寺国家遗址公园建设的重要意义 ……… 082

第二节　芳华家园建设比较
　　——川渝石窟寺国家遗址公园建设的特征分析 ……… 086

第三节　芳华家园建设要素
　　——川渝石窟寺国家遗址公园建设的指标分析 ……… 101

第四节　芳华家园建设初瞰
　　——川渝石窟寺国家遗址公园建设的开展情况 ……… 108

第四章　芳华家园的规划设计
　　——川渝石窟寺国家遗址公园建设的思路 …………… 115

第一节　川渝石窟寺国家遗址公园建设的总体思路…… 115

第二节　川渝石窟寺国家遗址公园建设的科学布局…… 120

第三节　川渝石窟寺国家遗址公园建设的实施步骤…… 130

第五章　芳华家园建设与乡村振兴
　　——川渝石窟寺国家遗址公园建设与乡村振兴的耦合路径
　　…………………………………………………… 146

第一节　芳华家园建设与乡村振兴的文献讨论………… 147

第二节　芳华家园建设与乡村振兴的耦合设想………… 149

第三节　芳华家园建设与乡村振兴的内在机理………… 150

第四节　芳华家园建设与乡村振兴的耦合路径…………153

第六章　芳华家园建设攻坚

　　　——川渝石窟寺国家遗址公园建设问题探析 ………161

　　第一节　川渝一体化协同推进管理有待强化…………161

　　第二节　川渝中小石窟寺保护管理亟须提质…………165

　　第三节　石窟寺考古研究的展示与阐释有待深化………170

　　第四节　川渝石窟寺的文旅价值亟须挖掘……………172

　　第五节　石窟寺与乡村振兴的互动融合须更紧密………175

第七章　芳华家园建设补遗

　　　——川渝石窟寺国家遗址公园建设的补充建议 ………178

　　第一节　完善川渝一体化建设的体制机制……………178

　　第二节　提升石窟寺保护管理水平……………………183

　　第三节　全面加强石窟寺研究阐释……………………190

　　第四节　强化石窟寺展示利用与传承发展……………196

　　第五节　促进公园建设与文旅提质……………………202

　　第六节　实现公园建设与乡村振兴耦合并进…………208

附录一……………………………………………………………212

附录二……………………………………………………………214

主要参考文献……………………………………………………216

后　记……………………………………………………………222

绪　论

"芳华"一词，多指人们的美好年华，而运用在石窟寺珍贵文物的修饰上，已常见于敦煌莫高窟、龙门石窟、云冈石窟，以及大足石刻等知名石窟寺，代指其雕刻精美、华彩依旧。在川渝地区，独具人间烟火气的石窟寺述说着历经千年的文化，展示着石窟艺术之美、文化交流之美。通过系统化保护、数字技术赋能，越来越多的石窟寺从病害缠身到风韵犹存，重新焕发绚丽的青春，仿佛又回到了千百年前一样。那么，这些历经千年而不衰的芳华，又如何绚烂下一个千年呢？这正是本书要探讨的重点。

推进文物保护利用和文化遗产保护传承是习近平文化思想的重要内容。习近平总书记强调，"要加强考古工作和历史研究，让收藏在博物馆里的文物、陈列在广阔大地上的遗产、书写在古籍里的文字都活起来，丰富全社会历史文化滋养"。习近平总书记指出"要敬畏历史、敬畏文化、敬畏生态，全面保护好历史文化遗产，统筹好旅游发展、特色经营、古城保护，筑牢文物安全底线，守护好前人留给我们的宝贵财富"，要求"各级党委和政府要增强对历史文物的敬畏之心，树立保护文物也是政绩的科学理念，统筹好文物保护与经济社会发展，全面贯彻

'保护为主、抢救第一、合理利用、加强管理'的工作方针,切实加大文物保护力度,推进文物合理适度利用,使文物保护成果更多惠及人民群众……"。2019年8月,习近平总书记在视察莫高窟时强调,要十分珍惜祖先留给我们的这份珍贵文化遗产,坚持保护优先的理念,加强石窟建筑、彩绘、壁画的保护,运用先进科学技术提高保护水平,将这一世界文化遗产代代相传。2020年5月,习近平总书记来到云冈石窟考察时强调,云冈石窟是世界文化遗产,保护好云冈石窟,不仅具有中国意义,而且具有世界意义。

石窟寺保护一直是我国文化遗产保护领域的重点内容。继2019年8月和2020年5月习近平总书记考察敦煌莫高窟和云冈石窟后,2020年10月和2021年10月,国务院办公厅在相继印发的《关于加强石窟寺保护利用工作的指导意见》和《"十四五"文物保护和科技创新规划》中,均提出要整合川渝石窟寺资源建设国家遗址公园。2021年11月,国家文物局印发《"十四五"石窟寺保护利用专项规划》,又明确要结合国家乡村振兴战略,串联线性石窟寺文物资源,稳步推进川渝石窟寺遗址公园建设。由此可见,加快推动川渝石窟寺国家遗址公园建设,不仅是川渝两地深入贯彻习近平总书记关于石窟寺保护利用工作重要指示批示精神的具体举措,也是高质量推动成渝地区双城经济圈建设的重要支撑,更是经济社会发展的大势所趋。

本书以《永葆千年芳华——川渝石窟寺国家遗址公园建设路径探索》为题,从认识层面、谋划层面、实践层面抽丝剥茧,系统串联形成"觅踪""杂说""初瞰""规划""探索""攻坚""补遗"七个篇章。具体安排如下:

第一章"千年芳华芳径觅踪——川渝石窟寺文物溯源",分"观生成""睹芳容""看特色""品内涵"4个小节,系统论述川渝石窟寺的历史沿革、现状、特点和文化内涵,全面回答石窟寺的总体概念、川渝石窟寺与北方石窟的历史渊源、川渝石窟寺的分类统计和其中的重点石窟寺介绍,以及川渝石窟寺的布局特色、艺术特色和文化内涵,以及当代人们的评说等一系列问题,能够让人们充分地认识"芳华"。

第二章"千年芳华保护杂说——川渝石窟寺国家遗址公园建设研究综述",分"如何做好保用结合""怎样建设遗址公园""广泛汲取他山之石"3个小节,对现有石窟寺保护、研究等相关文献,以及国家公园、国家文化公园、国家考古遗址公园建设的相关文献进行系统梳理,对川渝石窟寺国家遗址公园建设工作进行初步概览,多方探寻公园建设的路径。

第三章"芳华家园应运而生——川渝石窟寺国家遗址公园建设刍探",分"建设缘起""建设比较""建设要素""建设初瞰"4个小节,对川渝石窟寺国家遗址公园建设的重要意义、建设特征、建设指标、建设工作等方面进行探索,特别是比较分析了国家公园、国家文化公园、国家考古遗址公园的相关特征及指标等,进一步寻觅川渝石窟寺国家遗址公园建设的最佳路径。

第四章"芳华家园的规划设计——川渝石窟寺国家遗址公园建设的思路",分"总体思路""科学布局""分步实施"3个小节,提出川渝石窟寺国家遗址公园规划原则、建设定位和总体布局,结合川渝石窟寺国家遗址公园实际探索提出一批核心景区、文化景点、微景观项目,并按照建设目标分期构建近期、中期、远期建设的重点项目,从整体上谋划了川渝石窟寺国家遗址公园的建设路径。

第五章"芳华家园建设与乡村振兴——川渝石窟寺国家遗址公园建设与乡村振兴的耦合路径",分"文献讨论""耦合设想""内在机理""耦合路径"4个小节,将公园建设与乡村振兴结合起来认真思考,进行实践路径的过程探索,具体分析了两者的耦合和互促关系,分析了产业振兴耦合、文化振兴耦合、生态振兴耦合、人才振兴耦合、组织振兴耦合的一些具体案例,以供人们在实践中参考。

第六章"芳华家园建设攻坚——川渝石窟寺国家遗址公园建设问题探析",分"一体化协同""保护管理""研究阐释""文旅价值""互动融合"5个小节,每个部分都用具体案例或数据,相对全面地分析了公园建设实践中正在面临的和今后可能出现的问题,并借此剖析了公园建设实践中需要克服的重点和难点。

第七章"芳华家园建设补遗——川渝石窟寺国家遗址公园建设的补充建议",分"体制机制""保护管理""研究阐释""展示利用""文旅提质""耦合并进"6个小节,衔接前文思考解决现实问题的路径,进而有针对性地提出一系列工作建议,将笔者在深入进行川渝石窟寺国家遗址公园建设路径探索后的补充性思考和盘托出。

以川渝石窟寺为例开展国家遗址公园建设路径的研究,不仅是川渝两地实践的需要,也是当代探索石窟寺保护利用工作的一种刚需。川渝地区是中国石窟造像延续时间最长、分布最广的地区之一。川渝石窟寺共有2850处,数量占全国总量的50%左右,其中全国重点文物类石窟寺及石刻约占同类全国重

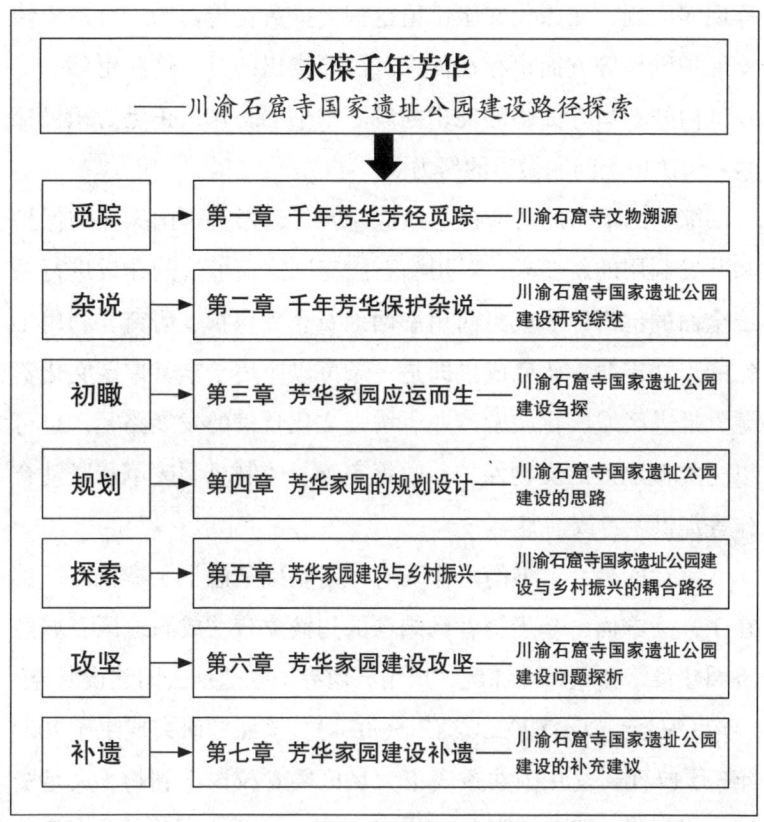

点文物保护单位总数的1/3，体现着包容创新的社会价值、精美绝伦的艺术价值、宗教哲学的文化价值，以及文以载道、文以化人的思想价值，是我国晚唐至两宋后期南方石窟雕刻艺术的典型代表，被誉为"中国石窟艺术的下半阕"，其中的大足石刻和乐山大佛更是跻身世界文化遗产之列。但是，川渝石窟寺不仅面临岩石崩塌、表面风化、暴雨灾害等自然破坏的风险，还存在不同程度的人为破坏，存在保护工作面广、保护修复难度大、数字化保护不足、考古调查研究不够、管理研究力量薄弱

等现实问题，在深化文旅价值挖掘、扩大宣传营销、可持续传承保护管理等方面也存在需求。需要指出的是，这些也都是当今国内外石窟寺面临的突出问题。本书的写作，正是为积极探索、解决以上问题做出的努力。

综上，本书的研究视角适应新时代新形势下国家文物保护和开发利用的新要求，对川渝石窟寺国家遗址公园建设进行系统全面的剖析，顺应当前川渝两地石窟寺保护、研究、利用工作的迫切需要，研究成果即是一条可以应用于丰富地区文化资源、推进区域文化旅游产业、增强文化自信的发展路径，也可以为类似地区的文物保护、政策完善、体制机制改革和联动合作等提供参考或借鉴。

幸运的是，本书的写作既有一定基础又碰上了契机。基础在于，一方面，基于笔者已结项的川渝党校"成渝地区双城经济圈建设"专项重点课题"川渝石窟寺国家遗址公园建设研究"（项目编号：CQDX2022BZXZD—024）。该课题研究成果于2023年3月17日刊发在中共重庆市大足区委党校内部刊物《大足资政》当年第一期（总第235期）上，并被区委主要领导予以肯定性签批。研究成果共有三个部分，第一部分分析了川渝石窟寺国家遗址公园的特征，即区域特征、文化特征、考古特征和公园特征等；第二部分分析了建设川渝石窟寺国家遗址公园的各项指标；第三部分结合分析了内涵特征、重点指标、外地经验等，并提出了"1234"工作建议。"1234"工作建议指："1"，在谋划方向上，衔接"1个战略"，即国家乡村振兴战略；"2"，在建设依据上，做到"2个结合"，即与国家考古遗址公园、国家公园建设相结合；"3"，在川渝合作上，共推"3个协同"，即规划协同、资金协同、项目协同;"4",在社会效应上,强化"4个功能",即强化文化阐释功能、强化宣传营销功能、社会教育功能和人才培育功能。

此外,2022年重庆社会主义学院委托课题"利用大足石刻开展文化统战的路径研究"(项目标号:CQSYWTKT22053),充分挖掘和提炼大足石刻的文化价值,在从内容上讲好文化统战新故事、从形式上扩大社会影响覆盖面、从载体上打造文化统战新路径、从机制上构建思想政治新格局等4个方面开展研究,系统分析其开展文化统战的路径,进一步为文化统战补素材,为地方发展谋思路和为区域经济文化建设积累经验。该课题结题通过鉴定被评为"优秀"等级。

另一方面,自己通过工作中的感悟撰写的几篇论文和资政文稿,如《用系统思维谋划文物保护人才培育体系》《非物质文化遗产地旅游发展研究——以大足为例》《大足石刻保护与开发的经验及启示》等,都与本书主题相关,成为本书研究基础的一部分。

而契机则在于,笔者得到了2023年度重庆市社会科学规划社会组织项目"川渝石窟寺国家遗址公园建设与乡村振兴耦合路径研究"(批准号:2023SZ40)的立项和资助,以此为动力整理之前的实践与思考,可以说是事半功倍,有力地助推了本书的写作。

第一章　千年芳华芳径觅踪

——川渝石窟寺文物溯源

　　千年石窟，华夏瑰宝。谈到石窟，世人无不赞叹莫高窟之精美，龙门石窟之雄壮，云冈石窟之鬼斧神工。然而，在这绝世风华的背后，是西域的几代财帛和北魏皇室的几世庇佑，更是地方数年盐税的支撑，堪称集天下英华于一域，耗资不菲。直到石窟沿着栈道从北方进入巴蜀，画风忽转，帝王将相的巍峨堂皇，变成了百姓的虔诚低诵，变成了人间烟火气，乐山大佛倚山临水而坐，护佑一方百姓，大足石刻娓娓讲述人生百态，千手观音如孔雀开屏般翩翩起舞……

　　无言石窟，力压千钧。石窟又称石窟寺，是一种重要的佛教遗址，通常指在河畔山崖间开凿的、模仿地面佛教寺庙而建造的古代庙宇石质建筑①，其蕴含着中华优秀传统文化，见证了中国古代文明的辉煌。特别是在川渝大地上，石窟艺术如明珠般洒落，具有独特的风格特征。据2020年国家文物局组织的全国石窟寺专项调查统计，全国共有石窟寺及摩崖造像5986处

---

①　川渝地区是中国南方石窟最多、最重要的区域，绝大部分是摩崖造像，只有少数深广者稍可称"窟"，准确称谓应是"川渝石窟和摩崖造像"，但因人们习惯称其为"石窟"，故本书沿用旧称"川渝石窟""川渝石窟寺"等。

（包括摩崖造像3831处），其中四川、重庆分别拥有2134处和716处，两地在数量上约占全国总量的一半。川渝石窟寺展示着川渝当时的城镇历史和地方产业等多重信息，承载了大量的文化内涵和文化记忆，体现了古代艺术之精美和博大精深，留下了一处处宗教遗存的集合体，照亮了四川、重庆在人类文明史上的另一块版图，可谓千年一瞬，文脉永存，泽被千秋。

第一节　观芳华之生成
——川渝石窟寺历史沿革

一、佛教东传：一条绚丽的丝绸之路

驼铃阵阵、马嘶声声、羌笛悠悠，承载着数千年沧桑岁月的丝绸古道，不仅见证了经济贸易交流互通的繁荣，也见证了不同文明交融碰撞的盛况。佛教大约产生于公元前5世纪的印度，伴随着佛教的产生，宣扬佛教教义的佛教雕刻艺术也随之出现，如阿育王石柱、佛塔、阿旃陀石窟、菩提树等。公元3世纪左右，佛教沿着丝绸之路经河西走廊从西域传入中原，这次佛教的传播又称为"佛教东传"[1]。伴随着佛教传播而诞生的众多石窟，不仅是佛教艺术史上的奇葩，更是世界文化的瑰宝。

印度佛教艺术传入中国中原地区后，经过中国艺术家和民间工匠的吸收、融合和再创造，和我国固有的中国画艺术相结合，依次出现了具有中原风格的建筑、雕塑、绘画等北方石窟

---

[1] 印度佛教传播有南北两个方向。南传佛教主要影响了缅甸、泰国、柬埔寨、斯里兰卡等地。北传佛教又分为两支，一支从印度抵达西域，在汉朝时传入中国，称为汉传佛教，也称佛教东传；另外一支则主要在西藏地区传播，称为藏传佛教。

佛教艺术，如重视线条之美的敦煌艺术、浑厚纯朴的云冈石窟艺术等，展现了佛教艺术中国化、民族化进程，佛教石窟也在中国蓬勃发展起来。总体看来，经佛教东传，我国石窟开凿约始于东汉末年（公元3世纪），兴于魏晋（公元3—6世纪），盛于隋唐（公元6—8世纪），其建筑、形制、雕塑及壁画在印度犍陀罗艺术风格基础上，不断融合中国传统雕塑和绘画的优美技法，呈现出雄伟的塔寺、庄严的佛像、绚丽多彩的壁画等艺术形式，最终形成具有中国特色的石窟艺术。这些精美的石窟艺术品，像一颗颗珍珠，被丝绸之路串联起来，构筑了佛教传播的鲜明路标，最终成为全人类不朽的文化艺术遗产。

二、佛教入川：一场浪漫的千年之约

长路漫漫，关山重重。顺着绵延天际的丝绸之路，佛教文化汇入中原文化后，一路南下，进入富庶的天府之国，并在此生根发芽，日益兴旺。南北朝晚期，随着西魏北周军事上对南朝蜀地的征服，佛教信仰通过连接中原北方和四川盆地的金牛道、米仓道、河南道等陆路交通要道，以及长江水道进入四川盆地。唐玄宗末年（公元755—763年），因起自北方并祸及中原的安史之乱，唐朝皇帝几次逃至四川避难，加之唐武宗灭佛（公元840—846年），北方的大量僧侣和石窟造像工匠纷纷入蜀避乱，导致中原石窟艺术开始凋零没落，北方几乎停止了开凿造像。而川渝地区的石窟寺和摩崖造像迎来空前的蓬勃发展，很多教派在这里得以保留，晚期川渝造像题材更加丰富，使得川渝地区成为全国石窟造像的中心。

随着佛教入川，石窟造像如朵朵繁花在富庶的巴蜀大地上绽放开来，集中分布于水路和陆路交通的交叉之处，如星点般洒落在与古道相连的山间河谷，特别是嘉陵江、沱江、岷江三江流域①，呈现出"由北向南，以成都为中心"的分布态势。按照古道和河系的分布，川渝石窟寺可划分为三个区域：川北区域、川西区域、川中及川东区域。

川北区域属于嘉陵江流域，以广元②和巴中③为中心，石窟分布在北方入川的金牛道、米仓道两条交通要道，隋唐时期，许多高僧大德、文人墨客、能工巧匠从长安、洛阳由此进入四川，这里也成为川渝地区开凿最早、规模最大的佛教石窟造像群，如千佛崖、皇泽寺摩崖造像。川西区域属于岷江流域和嘉陵江支流涪江流域，是金牛道上的绵阳及其南边的四川西部区域，这片区域是当时比较发达的地区，以成都为中心，呈扇形分布，如乐山及周边地区的仁寿牛角寨、龙岩、夹江千佛岩、丹棱郑山，以及眉山、彭山等地，有两万多尊佛像刻凿于隋唐时期。川中及川东区域分别属于沱江流域和嘉陵江流域，包括重庆及四川盆地中的四川中部、东部，最远辐射到川南的泸州地区，这里开始出现成规模、成体系的石窟造像，如在四川安岳④和重

---

① 三江流域几乎包括了除重庆以东区域之外的所有汉传佛教石窟寺和摩崖造像，这当中又以嘉陵江流域数量最多，分布最广，其次是沱江流域、岷江流域。
② 广元石窟始凿于北朝晚期，早期洞窟与中原北魏龛窟接近，呈现出"褒衣博带，秀骨清像"的中原风格。至唐之后，广元石窟进入大规模开凿阶段，这以后的造像是典型的唐代造型，人物形象逼真生动，身材比例圆润，衣饰线条流畅，代表了广元造像艺术的最高水平。
③ 巴中石窟是川北区域另一个中心区域，这里绝大多数龛窟是当地官员或平民阶层出资开凿，目的是祈福消灾、保佑太平。这些龛窟造像规模较小，没有富丽堂皇的景象，更注重"写实性"，世俗化的风格开始显现。
④ 在四川资阳的安岳石刻摩崖造像中，多可见玄应大师（安岳石刻创始人）书写的摩崖题记式经文，据传卧佛院是其主持开凿的。

庆大足①等地反映出由某一个人主持规划、历时多年、统一雕凿的具有系统性的石窟寺。

可以这样认为：佛教自中原传入川渝地区后，落地生根，传承壮大，促进了石窟造像的蓬勃发展，历经1000多年，与北方石窟共同传唱了"一眼千年、相约千年"的文化艺术佳话。

三、川渝石窟：一部石窟艺术的辉煌乐章

川渝地区是中国石窟造像延续时间最长、分布最广的地区之一。川渝石窟寺始凿于北魏，延续至民国，与北方石窟艺术一脉相承，数量庞大，历史悠久，题材丰富，脉络清晰，成就了世界石窟艺术史上最后的辉煌，是我国晚唐至两宋后期南方石窟雕刻艺术的典型代表，被誉为"中国石窟艺术的下半阕"。其中，全国重点文物类石窟寺及石刻，约占同类全国重点文物保护单位总数的1/3，大足石刻和乐山大佛更是跻身世界文化遗产之列。

源于印度的石窟艺术，在川渝地区完成了中国化进程，成为吸收融合外来文化的典范。这里的龛窟造像规模较小，绝大多数是当地官员或平民阶层出资开凿，目的是祈福消灾、保佑太平，由于人们信仰的多元化，还出现了儒、释、道三教合一的情况，具有典型的地域特点、时代特征和艺术特点，呈现出独具一格的世俗化和生活化石刻艺术状态。1986年，邓小平同志参观大足石刻时，看得十分高兴，连声赞叹说"这完全是中国的了，完全是中国的了"②。佛教艺术传承到了这里，从神话走向了人间，从城市走向了田间地头，从皇家敕建到民间供奉，这里除了宝

---

① 大足石刻宝顶山摩崖造像，由南宋时大足人赵智凤（公元1159—1249年），用70余年时间主持建造而成。

② 童登金，李传授．名人与大足石刻［M］．成都：四川美术出版社，1999．

相庄严之外，还平添了几分烟火气息。川渝石窟寺呈现的世俗化、生活化的人间烟火味，本书将在后文详细阐述，这或许是最能抚慰凡心之处，也是川渝石窟寺吸引力非凡的魅力所在。

第二节　睹芳华之芳容
——川渝石窟寺现状浏览

一、数量巨大、美不胜收：四川省石窟寺文物总览

四川省的石窟寺营造始于南北朝晚期，鼎盛于唐宋时期，延续至明清时期，历时1400余年开凿不绝，造像序列延续完整、造像数量浩瀚、题刻文字丰富，反映了9—13世纪世界石窟艺术的高超水平，是晚期石窟艺术辉煌篇章的重要组成部分，具有重要的艺术鉴赏价值。四川省石窟寺（含摩崖造像）数量共2134处、居全国第一，约占全国总量的1/3，是全国第二陕西（997处）的2倍多，除攀枝花市以外的20个市州都留有石窟寺遗存，集中分布在四川盆地境内，少量散布在川西高原，成都、资阳、南充、巴中均超200处，乐山、眉山、达州等9个市（州）均超100处。其中，全国重点文物保护单位有34处，四川省级文物保护单位有127处，市州级文物保护单位有116处，区县级文物保护单位有233处，其他一般不可移动文物有1624处，数量巨大、题材多样，包括道教、儒教、神仙异兽、历史故事、世俗生活等内容。

（一）四川石窟之全国重点文物保护单位

四川的石窟寺及石刻类全国重点文物保护单位共有34处，分布在省内的15个市州。其中，成都市有3处，分别为北周文

王碑及摩崖造像、邛崃石窟和蒲江石窟；自贡市有1处，为荣县大佛石窟；泸州市有2处，为玉蟾山摩崖造像和清凉洞摩崖造像；绵阳市有2处，为碧水寺摩崖造像和卧龙山千佛岩石窟；广元市有3处，分别为皇泽寺摩崖造像、广元千佛崖摩崖造像和鹤鸣山道教石窟寺及石刻；内江市有2处，为翔龙山摩崖造像和重龙山摩崖造像；乐山市有2处，为乐山大佛和夹江千佛岩石窟；南充市有2处，为大像山摩崖造像和禹迹山摩崖造像；宜宾市有1处，为宜宾流杯池石刻；广安市有1处，为冲相寺摩崖造像；巴中市有4处，分别为南龛摩崖造像、石门寺摩崖造像、通江千佛岩石窟和白乳溪石窟；眉山市有5处，分别为牛角寨石窟、能仁寺摩崖造像、冒水村摩崖造像、郑山—刘嘴摩崖造像和中岩寺摩崖造像；资阳市有4处，分别为半月山摩崖造像、安岳石窟、毗卢洞石刻造像和圆佛寺摩崖造像；甘孜州有1处，为穆日玛尼石经墙；凉山州有1处，为博什瓦黑岩画。其中，乐山大佛是世界文化遗产[①]。

表1-1 四川省全国重点文物保护单位名录（石窟寺及石刻类别）[②]

序号	名称	时代	市（州）、县（市、区）
1	北周文王碑及摩崖造像	南北朝至清	成都市龙泉驿区
2	邛崃石窟	唐至宋	成都市邛崃市
3	蒲江石窟	南北朝至清	成都市蒲江县
4	荣县大佛石窟	唐	自贡市荣县
5	玉蟾山摩崖造像	唐至明	泸州市泸县

① 1996年，峨眉山—乐山大佛景区被联合国教科文组织批准列为世界文化与自然遗产。
② 表格资料根据《四川文化和旅游年鉴（2022）》整理形成。石窟寺及石刻包括石窟寺、摩崖石刻、碑刻、石雕、岩画和其他石刻。

续表

序号	名称	时代	市(州)、县(市、区)
6	清凉洞摩崖造像	明	泸州市叙永县
7	碧水寺摩崖造像	唐	绵阳市游仙区
8	卧龙山千佛岩石窟	唐	绵阳市梓潼县
9	皇泽寺摩崖造像	唐	广元市利州区
10	广元千佛崖摩崖造像	唐、宋	广元市利州区
11	鹤鸣山道教石窟寺及石刻	南北朝至民国	广元市剑阁县
12	翔龙山摩崖造像	唐至民国	内江市市中区
13	重龙山摩崖造像	唐至民国	内江市资中县
14	乐山大佛	唐	乐山市市中区
15	夹江千佛岩石窟	唐	乐山市夹江县
16	大像山摩崖造像	唐至清	南充市阆中市
17	禹迹山摩崖造像	唐	南充市南部县
18	宜宾流杯池石刻	宋至民国	宜宾市翠屏区
19	冲相寺摩崖造像	隋至民国	广安市广安区
20	南龛摩崖造像	隋至宋	巴中市巴州区
21	石门寺摩崖造像	唐	巴中市巴州区
22	通江千佛岩石窟	唐	巴中市通江县
23	白乳溪石窟	唐	巴中市通江县
24	牛角寨石窟	唐	眉山市仁寿县
25	能仁寺摩崖造像	唐至宋	眉山市仁寿县
26	冒水村摩崖造像	宋至清	眉山市仁寿县
27	郑山—刘嘴摩崖造像	唐	眉山市丹棱县
28	中岩寺摩崖造像	唐至明	眉山市青神县
29	半月山摩崖造像	唐	资阳市雁江区
30	安岳石窟	唐	资阳市安岳县
31	毗卢洞石刻造像	宋	资阳市安岳县

续表

序号	名称	时代	市（州）、县（市、区）
32	困佛寺摩崖造像	隋至宋	资阳市乐至县
33	穆日玛尼石经墙	唐至清	甘孜州石渠县
34	博什瓦黑岩画	唐至宋	凉山州昭觉县

"百尺金身堆拥壁，千龛宝像列森罗"①。广元千佛崖摩崖造像，简称广元千佛崖，位于四川省广元市利州区嘉陵江东岸，是第一批全国重点文物保护单位、四川省境内规模最大的石窟群。它始凿于北魏时期，鼎盛于唐、宋，续建至清朝咸丰年间，连续雕刻时间长达1440多年，佛崖全长388.8米，窟龛最高处距地面45.5米，沿陡峭崖壁开凿而成，佛龛层叠分布，密如蜂巢，最多处达13层，现存造像1200余龛，7000余尊，内容丰富多样，艺术形象多姿多彩。

图1-1 广元千佛崖②

---

① 明正统七年（1442年）会稽人何宗毅合家还乡，途经广元千佛崖时镌刻在崖壁上的诗句，原文为"大云梵景殿岩多，法法盘空鸟道过。百尺金身堆拥壁，千龛宝像列森罗。叠叠山峰朝彩阁，迢迢江水远清波。雕剜剧斫工奇巧，望像如生世不磨。"诗中所指千佛崖"千龛宝像""百尺金身"，说明它是一派佛国仙境的气派。
② 图片资料来源于广元市人民政府网站。

其中，以大云洞为中心，分南北两段。南段龛窟有大佛洞、莲花洞、牟尼阁、千佛洞、睡佛龛、多宝佛龛、接引佛龛、供养人龛、神龙大佛、如意轮观音、单身佛窟等，北段龛窟有三世佛龛、无忧花树龛、弥勒佛龛、三身佛龛、节行僧龛、菩提像窟、伎乐天人窟、地藏王龛、力士龛、卢舍那佛龛、十一面观音像、阿弥陀佛龛、飞天窟、清代藏佛洞等。其中，大云洞规模最大，共有造像234尊，左右两壁雕有148尊莲花观音像，俨然一座艺术宝库，有"历代石刻艺术的陈列馆"之称。

图1-2 乐山大佛①

佛是一座山，山是一尊佛②。乐山大佛，又名凌云大佛，位于四川省乐山市南岷江东岸凌云寺侧，濒大渡河、青衣江和岷江三江交汇处，是第二批全国重点文物保护单位、世界上现存最高的弥勒石刻大佛。它开凿于唐开元元年（公元713年），建成于唐贞元十九年（公元803年），大佛通高71米，坐身高59.96米，神势肃穆，大气磅礴，系沿绝壁开凿而成。乐山大佛头与山齐，左右两侧沿江崖壁有两尊身高超过16米的护法天王像，右侧一条九曲古栈道，佛座周围及凌云山脚有唐代石刻造像100

---

① 图片资料来源于乐山大佛景区官网。
② 据说这是诗仙李白对乐山大佛的精到描述。

余龛,周边区域人文景观密集,有离堆、汉代崖墓、佛塔、寺庙等古迹,与凌云山、三江汇流、乌尤山等自然景观融为一体,是世界文化和自然遗产"峨眉山—乐山大佛"体系的一个相对独立的组成部分。

图1-3 南龛石窟①

盛唐彩雕,全国第一②。南龛石窟,即巴中南龛摩崖造像,位于四川省巴中市区城南1千米处的南龛坡山腹,是第三批全国重点文物保护单位,距今1300多年,但造像色彩如故。它开凿于隋,盛行于唐,之后又不断依山增镌,窟区全长252米,列层分布着176龛、2700余尊大小不一、形态各异的石刻佛像,有法身佛、三世佛、释迦佛、鬼子母佛、七佛、千佛子、阿弥陀佛、双首佛、观音菩萨、如意轮观音、毗沙门天王等,还有碑碣、造像记、题记68处,诗文130余条,佛塔18座,形成了一个规模宏大的石窟群。

---

① 图片资料来源于封面新闻。
② 原敦煌研究院院长、著名专家段文杰实地考察巴中石窟后,盛赞巴中石窟为"盛唐彩雕,全国第一"。

图1-4　安岳石窟之毗卢洞（柳本尊十炼修行图）

四川省资阳市安岳县，是中国石刻艺术之乡[①]。安岳石窟，是安岳县境内以摩崖造像为主的石刻艺术的总称，有最大的唐代左侧石刻卧佛，以及21万字石刻佛经、中国最精美的观音经变像等，有"上承敦煌，下启大足"的美誉。安岳石窟，最早开凿于唐武德三年（公元620年），盛于唐宋两代，延续至明清乃至民国，全县69个乡镇都有石窟分布，可以说是"遍地石刻，乡乡有佛"，有卧佛院、玄妙观、千佛寨、圆觉洞、华严洞、毗卢洞、茗山寺、孔雀洞、木门寺等知名石窟寺，以及庵堂寺、佛耳岩、高升大佛寺、西禅寺等石窟寺，其中毗卢洞北宋紫竹观音被称为中国最精美的观音经变像，玄妙观石窟是唐代最大的道教石刻群，庵堂寺是五代十国时期最集中的石窟群。安岳石窟已被列入世界文化遗产后备目录清单。

此外，还有四川省邛崃市的邛崃石窟，主要包括石笋山、磐陀寺、花置寺3处，是第六批全国重点文物保护单位。还有位于四川省乐山市夹江县的夹江千佛岩石窟，依山而建，临江而凿，计有摩崖造像162龛，大小佛像2400多尊，有"两山对峙，

---

① 2000年被文化和旅游部授予"中国石刻之乡"称号。

一江口流"的旖旎风光,还有"青衣绝佳处"等美誉。这些艺术瑰宝分布在四川广袤的土地上,蜚声海内外,均具有很高的历史、艺术及宗教研究价值。

（二）四川石窟之省级文物保护单位

四川的石窟寺及石刻类省级文物保护单位共有127处,主要分布在省内19个市州①。具体情况见表1-2所示。

表1-2 四川省级文物保护单位名录（石窟寺及石刻类别）②

序号	文物保护单位名称	公布年代	市(州)、县(市、区)	批次
1	玉女泉及子云亭道教造像	唐	绵阳市涪城区	第一批
2	丹霞洞摩崖造像及石刻	明、清	宜宾市屏山县	第三批
3	仙寓洞	明、清	宜宾市长宁县	第三批
4	紫云坪植茗灵园记岩刻	宋	达州市万源市	第三批
5	张建成石刻墓坊	民国	达州市万源市	第三批
6	白马泉及石刻(天宫院遗址)	唐、宋、明	雅安市雨城区	第三批
7	龙鹄山松柏之铭碑及摩崖造像	唐	眉山市丹棱县	第三批
8	点将台摩崖造像	唐	阿坝州茂县	第三批
9	药师岩摩崖造像	唐至明	成都市大邑县	第四批
10	紫霞峰摩崖造像及石刻	宋至近代	泸州市叙永县	第四批
11	太平军过县始末岩刻	宋	泸州市合江县	第四批
12	寻乐书岩	清	广元市苍溪县	第四批
13	龙吟寺石刻造像	明、清	宜宾市长宁县	第四批
14	灵宝山石刻及古石桥	宋、清	广安市邻水县	第四批
15	读书岩石刻	宋、明、清	南充市阆中市	第六批
16	燕子岩摩崖石刻	南宋	广安市武胜县	第六批

① 资料来源于《四川文化和旅游年鉴（2022）》。
② 资料根据《四川文化和旅游年鉴（2022）》整理形成。

续表

序号	文物保护单位名称	公布年代	市(州)、县(市、区)	批次
17	苟王寨造像	明	眉山市洪雅县	第六批
18	高升大佛摩崖造像	唐、宋	资阳市安岳县	第六批
19	大佛寺摩崖造像	唐、清	成都市蒲江县	第七批
20	天宫寺摩崖造像	唐	成都市邛崃市	第七批
21	青城山摩崖石刻	唐至民国	成都市都江堰市	第七批
22	吕仙崖摩崖造像	唐至宋	自贡市荣县	第七批
23	大旺寺摩崖造像	唐、清	德阳市中江县	第七批
24	佛子岩摩崖造像	唐	广元市旺苍县	第七批
25	阳岳寺千佛崖摩崖造像	唐	广元市苍溪县	第七批
26	临江寺	清	广元市苍溪县	第七批
27	佛尔岩摩崖造像	唐至清	内江市威远县	第七批
28	秦家岩摩崖造像	南宋	内江市资中县	第七批
29	西岩摩崖造像	唐至宋	内江市资中县	第七批
30	金像寺摩崖造像	明至清	乐山市夹江县	第七批
31	观音岩摩崖造像	清	南充市南部县	第七批
32	回龙山石刻	唐	南充市南部县	第七批
33	太蓬山摩崖造像及石刻	宋	南充市营山县	第七批
34	离堆山石刻	唐至清	南充市仪陇县	第七批
35	小乐山摩崖造像	明、清	南充市蓬安县	第七批
36	黄陵寺摩崖造像及石刻	宋	广安市邻水县	第七批
37	石佛寺	唐至明	雅安市荥经县	第七批
38	石碓窝摩崖造像	唐	眉山市东坡区	第七批
39	连鳌山石刻	宋	眉山市东坡区	第七批
40	丈六院摩崖造像	唐	眉山市东坡区	第七批
41	两岔河摩崖造像	唐	眉山市仁寿县	第七批
42	鸡公山摩崖造像	唐	眉山市丹棱县	第七批

续表

序号	文物保护单位名称	公布年代	市(州)、县(市、区)	批次
43	佛耳岩摩崖造像	唐	资阳市安岳县	第七批
44	西禅寺摩崖造像	唐至元	资阳市安岳县	第七批
45	庵堂寺摩崖造像	晚唐至五代	资阳市安岳县	第七批
46	上大佛摩崖造像	唐至宋	资阳市安岳县	第七批
47	木鱼山摩崖造像	唐	资阳市安岳县	第七批
48	莫斯都岩画	商周	阿坝州马尔康市	第七批
49	徐古摩崖造像	唐	阿坝州黑水县	第七批
50	照阿娜姆石刻	唐	甘孜州石渠县	第七批
51	鹦哥嘴石刻群	清	甘孜州巴塘县	第七批
52	简阳奎星阁摩崖造像	宋	成都市简阳市	第八批
53	朝阳寺摩崖造像	唐	成都市高新区	第八批
54	瓦房沟摩崖造像	唐	成都市简阳市	第八批
55	长岭山摩崖造像	唐	成都市简阳市	第八批
56	三佛洞摩崖造像	唐	成都市都江堰市	第八批
57	后龙山摩崖造像	唐	自贡市荣县	第八批
58	荣县二佛	唐	自贡市荣县	第八批
59	梦仙亭摩崖造像及石刻	明至清	泸州市龙马潭区	第八批
60	天仙硐物价石刻	清	泸州市纳溪区	第八批
61	延福寺石刻	宋	泸州市泸县	第八批
62	石堂院石刻题记及摩崖造像	唐至清	绵阳市游仙区	第八批
63	北山院摩崖造像及刻经	唐至宋	绵阳市游仙区	第八批
64	绵阳圣水寺摩崖造像	唐至清	绵阳市游仙区	第八批
65	大埂子摩崖造像	唐	遂宁市大英县	第八批
66	金鹏寺摩崖造像	汉、宋	遂宁市大英县	第八批
67	普陀岩摩崖造像	唐至宋	内江市东兴区	第八批
68	威远老君山石刻	唐至清	内江市威远县	第八批
69	石室观摩崖造像	南北朝至唐	南充市阆中市	第八批

续表

序号	文物保护单位名称	公布年代	市(州)、县(市、区)	批次
70	牛王洞摩崖造像	唐	南充市阆中市	第八批
71	雷神洞摩崖造像	唐	南充市阆中市	第八批
72	灵官佛尔崖石窟	元、清、民国	南充市仪陇县	第八批
73	桐桷寨摩崖造像	唐	南充市蓬安县	第八批
74	石凹口观音岩摩崖造像	清至民国	广安市广安区	第八批
75	插旗山摩崖造像	唐	广安市武胜县	第八批
76	沿口千佛岩摩崖造像	宋	广安市武胜县	第八批
77	石佛寺摩崖造像	唐	广安市武胜县	第八批
78	浪洋寺摩崖造像	唐	达州市宣汉县	第八批
79	乌桥千佛岩摩崖造像	唐	达州市大竹县	第八批
80	梭罗碥摩崖造像	唐	达州市渠县	第八批
81	巴州龙门山石窟	唐	巴中市巴州区	第八批
82	朝阳洞石窟	清	巴中市恩阳区	第八批
83	佛尔岭石窟	唐	巴中市通江县	第八批
84	佛爷河石窟	唐	巴中市通江县	第八批
85	赵巧岩石窟	唐	巴中市通江县	第八批
86	佛尔岩塆石窟	唐至宋	巴中市通江县	第八批
87	木关坝观音岩石窟	元	巴中市通江县	第八批
88	梭垭梁石窟	元	巴中市通江县	第八批
89	得汉城摩崖石刻	明至清	巴中市通江县	第八批
90	佛耳岩石窟	清	巴中市通江县	第八批
91	隐身洞摩崖造像	清	巴中市通江县	第八批
92	云昙古佛洞石窟	清	巴中市通江县	第八批
93	古佛洞摩崖造像	唐至清	巴中市平昌县	第八批
94	看灯山摩崖造像	唐至明	雅安市名山区	第八批
95	陈沟千佛岩摩崖造像	唐	眉山市东坡区	第八批
96	老鹰岩摩崖造像	唐	眉山市彭山区	第八批

续表

序号	文物保护单位名称	公布年代	市(州)、县(市、区)	批次
97	安岳大佛寺摩崖造像	宋	资阳市安岳县	第八批
98	三仙洞摩崖造像	明	资阳市安岳县	第八批
99	峰门寺摩崖造像	宋	资阳市安岳县	第八批
100	佛慧洞摩崖造像	宋至明	资阳市安岳县	第八批
101	佛济寺摩崖造像	清	资阳市安岳县	第八批
102	舍身崖摩崖造像	唐	资阳市安岳县	第八批
103	半边寺摩崖造像	宋	资阳市安岳县	第八批
104	灵游院摩崖造像	五代	资阳市安岳县	第八批
105	净慧岩摩崖造像	宋	资阳市安岳县	第八批
106	菩萨湾摩崖造像	唐	资阳市安岳县	第八批
107	石锣沟摩崖造像	唐	资阳市安岳县	第八批
108	毗卢沟摩崖造像	宋	资阳市安岳县	第八批
109	雁江白佛寺石刻	清	资阳市雁江区	第八批
110	菩萨岩摩崖造像	唐	资阳市雁江区	第八批
111	墨尔多山摩崖石刻	唐	甘孜州丹巴县	第八批
112	芭蕉湾造像	唐至宋	自贡市荣县	第九批
113	龙门垭摩崖造像	隋至唐	绵阳市盐亭县	第九批
114	千佛岩摩崖造像	明	乐山市沐川县	第九批
115	金城山石刻	唐、清	南充市仪陇县	第九批
116	大佛沱摩崖造像	唐、宋	宜宾市翠屏区	第九批
117	可久半边寺摩崖造像	明	宜宾市高县	第九批
118	大佛寺摩崖造像	宋	广安市岳池县	第九批
119	灵泉寺摩崖石刻	明	广安市岳池县	第九批
120	大佛寺大佛	明	广安市邻水县	第九批
121	车家湾石刻	清	广安市武胜县	第九批
122	高观音岩摩崖造像	宋	达州市达川区	第九批
123	石佛子梁石窟	唐	巴中市通江县	第九批

续表

序号	文物保护单位名称	公布年代	市(州)、县(市、区)	批次
124	黑岩湾石窟	唐	巴中市南江县	第九批
125	塔坡摩崖造像	唐至宋	资阳市安岳县	第九批
126	石匣寺摩崖造像	唐至清	资阳市乐至县	第九批
127	洞王沟水文石刻	宋	资阳市雁江区	第九批

可见，石窟寺及石刻类省级文物保护单位分布较多的市州依次为资阳市、巴中市、南充市、广安市、成都市、眉山市，其中绵阳市的玉女泉及子云亭道教造像为四川省第一批省级文物保护单位；丹霞洞摩崖造像及石刻、仙寓洞、紫云坪植茗灵园记岩刻、张建成石刻墓坊、白马泉及石刻（天宫院遗址）、龙鹄山松柏之铭碑及摩崖造像、点将台摩崖造像等7处为四川省第三批省级文物保护单位；药师岩摩崖造像、紫霞峰摩崖造像及石刻、太平军过县始末岩刻、寻乐书岩、龙吟寺石刻造像、灵宝山石刻及古石桥等6处为四川省第四批省级文物保护单位；读书岩石刻、燕子岩摩崖石刻、苟王寨造像、高升大佛摩崖造像等4处为四川省第六批省级文物保护单位；四川省第七批、第八批、第九批省级文物保护单位较多，张建成石刻墓坊、白马泉及石刻（天宫院遗址）分别被列入古墓葬、古遗址类省级文物保护单位。

（三）四川石窟之市州级、区县级文物保护单位

四川的石窟寺及石刻类市州级、区县级文物保护单位众多，市州级有116处，区县级有233处，共有349处。

其中，市州级文物保护单位，有资阳市安岳县卧佛镇大象村宝石庵摩崖造像、资阳市雁江区保和镇金星村龙首山摩崖石刻、资阳市雁江区堪嘉镇中心村盘陀寺摩崖造像、资阳市安岳

县长河源镇青石村青竹寺摩崖造像、资阳市安岳县鸳大镇五凤村三教寺摩崖造像、广安市广安区碧汉层虹摩崖题刻、广安市前锋区狮子岩摩崖题刻、广安市岳池县东岩寺摩崖造像、广安市武胜县救旱井碑、广安经开区佛尔岩摩崖造像、达州市渠县杨芳摩崖石刻、巴中市巴州区卧牛山石窟、巴中市恩阳区柳林佛爷湾石窟、巴中市平昌县小阁寺摩崖造像、巴中市平昌县银宝梁摩崖造像、南充市阆中市佛洞坪造像、南充市阆中市大像山摩崖造像及石刻、南充市南部县石城寨石刻、南充市南部县回龙山石刻、南充市仪陇县离堆山石刻等。

区县级文物保护单位，有广安市广安区的游涵虚园记碑、半边寺摩崖造像、洞子坝石窟，四川南充市南部县的杜氏宗支碑、赵氏神道碑，巴中市恩阳区的回龙千佛岩摩崖造像、玉井佛尔崖石窟、观音洞摩崖造像，南充市高坪区的告化岩石刻、林青庙摩崖造像、神仙门石刻、诸葛寨石刻等。

由于四川的石窟寺及石刻类市州级、区县级数量众多，在此不做详细阐述，后文根据分析需要再单独点出。

二、精彩绝伦、旷世绝作：重庆市石窟寺文物概说

重庆市的石窟寺资源亦十分丰富，共有石窟寺（含摩崖造像）716处，数量仅次于四川、陕西①，居全国第三，分布于全市36个区县，而主要集中在重庆主城都市区的大足、合川、潼南，以及忠县等区县，并以世界文化遗产大足石刻为代表。其中，全国重点文物保护单位有8处，重庆市级文物保护单位有25处，区县级文物保护单位有167处，其他一般不可移动文物有

---

① 根据陕西省石窟寺专项调查统计显示，陕西现存石窟、摩崖造像及石刻997处，数量居全国第二。

516处,主要开凿于中晚唐至两宋时期,具有时代跨度长、艺术价值高等显著特点,被誉为"世界石窟艺术史上最后的丰碑"。

(一)重庆石窟之全国重点文物保护单位

重庆的石窟寺及石刻类全国重点文物保护单位共有8处,分布在7个区县。其中,大足石刻是世界文化遗产,其造像精彩绝伦、雕刻独特、内容丰富,联合国教科文组织赞道,"大足石刻是天才的艺术杰作,具有极高的历史、艺术、科学价值;佛、道、儒三教造像反映了中国宗教、哲学思想和民俗民风;在思想和艺术方面对后世产生了重大影响"[1]。

表1-3 重庆市全国重点文物保护单位名录(石窟寺及石刻类别)[2]

序号	名称	时代	区(县)
1	北山摩崖造像(南山摩崖造像、石篆山摩崖造像、多宝塔、舒成岩摩崖造像、妙高山摩崖造像[3])	唐至宋	大足区(第一批)
2	宝顶山摩崖造像(石门山摩崖造像)	宋、明	大足区(第一批)
3	白鹤梁题刻	唐至清	涪陵区(第三批)
4	潼南大佛寺摩崖造像	隋至明	潼南区(第六批)
5	涞滩二佛寺摩崖造像	宋	合川区(第六批)
6	石门大佛寺摩崖造像	宋至元	江津区(第七批)
7	瞿塘峡摩崖石刻	南宋至民国	奉节县(第七批)
8	弹子石摩崖造像	元至清	南岸区(第七批)

---

[1] 黎方银.大足石刻[M].西安:三秦出版社,2004.
[2] 资料根据国家文物局综合行政管理平台数据整理形成。
[3] 1996年,南山—石篆山摩崖造像及多宝塔由国务院公布为第四批全国重点文物保护单位合并项目,归为北山摩崖造像。2019年10月,国务院下发《关于核定并公布第八批全国重点文物保护单位的通知》,将大足舒成岩摩崖造像、妙高山摩崖造像并入第一批全国重点文物保护单位北山摩崖造像。

大足石刻北山摩崖造像，又名北山石刻，是大足石刻[①]的重要组成部分，位于重庆市大足区龙岗街道北山山巅[②]，是第一批全国重点文物保护单位、观音荟萃的殿堂。它由唐末昌州刺史、昌普渝合四州都指挥韦君靖于唐景福元年（公元892年）首先开凿，此后地方官吏、乡绅、士庶、僧尼等中下层民众纷纷效仿续刻至南宋绍兴末年（公元1162年），历时250余年，方具现存规模。北山佛湾造像依岩而建，崖面长约500多米，高7—10米，形若新月，龛窟密如蜂房，分南北两段，通编290个窟号（1—100号为南段，101—290号为北段），以其雕刻细腻、精美典雅著称于世，主要为平民百姓出资雕刻祈福，对研究唐、前后蜀及宋代的历史地理、宗教信仰、石窟断代分期、历史人物等提供了重要表现的实物资料，皆具较高价值。

图1-5　北山摩崖造像之转轮经藏窟

---

① 大足石刻是重庆市大足区境内主要表现为摩崖造像的石窟艺术的总称，迄今公布为文物保护单位的石窟多达75处，造像5万余尊、铭文10万余字，被人们称为一座美神荟萃的石雕画廊、人间情趣的艺术殿堂、三教融合的石窟典范。
② 北山，当地也称龙岗山；山巅，俗称佛湾。

大足石刻北山摩崖造像，共有摩崖造像近万尊，被誉为"中国观音造像的陈列馆"。如，第9号千手观音龛、第125号数珠手观音①、第113号和第133号水月观音②、第136号转轮经藏窟日月观音、第180号十三观音变相窟③等观音造像的形象、姿态、性格、神情以至衣褶、饰物等刻工精美，变化丰富，皆耐人寻味。此外，《古文孝经碑》，分6块石面摩崖刻22章，被称为"寰宇间仅此一刻"。第136号转轮经藏窟，为平顶长方形大窟，高4米，宽4.7米，深7米，下部为须弥山，中部为8条镂空圆雕石柱，上部为八面实心露盘，其上雕刻天宫楼阁、舍利宝塔等，南壁为文殊菩萨、玉印观音、如意轮观音，北壁为普贤菩萨、日月观音、数珠手观音，且多保存完好，宛如新刻，被誉为"中国石窟艺术皇冠上的一颗明珠"。

此外，并入北山摩崖造像的舒成岩摩崖造像，位于重庆市大足区中敖镇，开凿于南宋绍兴年间，是珍贵的道教石刻。妙高山摩崖造像，位于重庆市大足区季家镇的妙高山北面崖壁上，开凿于南宋早期，是大足石刻中较为典型的儒、释、道三教合一造像区。

---

① "数珠手观音"被当地群众称为"媚态观音"，有"北山石刻之冠"的誉称。该观音立于高仅1.26米、宽1.02米、深0.71米的小龛正中，身高不足1米，纤细匀称，左手握着右腕，右手提数珠，脸庞圆润秀丽，嘴角略翘，露出微妙娇羞的媚笑，神态逼真，情感动人。
② "水月观音"因临水观月而得名，"金刚怒目，菩萨低眉"，金刚与菩萨的搭配刚柔相济。
③ "十三观音变相窟"中，窟正中是圣观音，圣观音左右侧各立六身观音，总共13尊。

图1-6 宝顶山摩崖造像之千手观音

上朝峨眉，下朝宝顶①。宝顶山摩崖造像（包括圣寿寺、大佛湾、小佛湾），又名宝顶山摩崖石刻，简称宝顶山石刻，是大足石刻的重要组成部分，位于重庆市大足区宝顶镇，是第一批全国重要文物保护单位、著名佛教圣地之一。它开凿于南宋淳熙至淳祐年间（公元1174—1252年），由僧人赵智凤亲自设计、独立主持，历时70余年建成，分大佛湾、小佛湾两个区域。其中，大佛湾为主体，呈马蹄形，长约500米，岩高8—25米，30多幅巨型雕刻造像分布在东、南、北三面，最为著名的有千手观音、华严三圣、父母恩重经变相、六道轮回图、广大宝楼阁图、释迦涅槃圣迹图、九龙浴太子、孔雀明王经变、圆觉洞等，融科学于艺术表现之中，具有鲜明的民族化、世俗化、生活化特色。已有800多年历史的宝顶香会民俗文化节于每年农历二月十九日（观音诞辰）在此举办。

---

① "上朝峨眉，下朝宝顶"是巴蜀佛教自古以来流行的民间信仰。其中，峨眉朝山会是历史上有组织地到峨眉山朝山、拜佛的盛会，延续了200多年；宝顶香会民俗文化节是一项佛事法会与民俗文化相交融的民间宗教节会，至今已有800多年的历史。

图1-7　宝顶山摩崖造像之华严三圣像

具体来看，千手观音，在88平方米的崖壁上，830只佛手纵横交错，如孔雀开屏般，金碧辉煌、富丽多姿，为国内仅有，有"天下奇观""国宝中的国宝"的美誉。华严三圣[①]，神情肃穆、气势庄严，高7米，文殊菩萨手托千斤石塔，倾斜15度俯视众生，历经800多年而不坠，充分巧妙运用地寓力学原理于艺术构思，足令今人借鉴。父母恩重经变相，11组浮雕造像以连环画方式凝练、传神地展现父母对子女的种种恩德，每一幅画都是人们熟悉的生活场景，让人观后不禁心生触动、百感交集，此龛可谓佛教文化与中国儒家文化高度融合的一个典型代表。六道轮回图，顶高7.8米，像宽4.8米，无常鬼怀抱大转轮，贪嗔痴为毒，爱别离是苦。释迦涅槃圣迹图，佛像长31米，是目前世界上最大的半身卧佛造像，雕刻技艺精湛，线条柔美圆润。圆觉洞，设计周密、雕刻精美，洞口开甬道，洞顶开天窗，洞壁引流水，壁刻楼台亭阁、人物鸟兽、花草树木栩栩如生，洞

---

① 华严三圣，分别是指释迦牟尼佛、文殊菩萨和普贤菩萨。

正壁刻3尊佛像，主佛前一尊跪菩萨俯首合十，左右壁立12尊圆觉菩萨，是大佛湾雕刻的精华之作。

大足石刻以佛教题材为主，儒、道教造像并陈，从北山延展到宝顶山、南山、石篆山、石门山，形成一个足有5万多尊造像的大型造像群，规模宏大、艺术精湛、内容丰富，是中国晚期石窟造像艺术的典范，可与敦煌莫高窟、云冈石窟、龙门石窟齐名，成为全世界八大石窟之一[①]。

著名诗人郑思远参观宝顶、北山后情满于怀，写《忆江南》词一首[②]：

佛清高，龛座白云飘。普贤乘象双唇闭，文殊骑狮辩才超，媚态观音妙。

人间好，田舍炊烟绕。少女沽酒比丘醉，牧童扬鞭群犊跑，养鸡村姑笑。

图1-8　宝顶山摩崖造像之养鸡女和戒酒图

---

① 世界八大石窟分别为：莫高窟、云冈石窟、龙门石窟、麦积山石窟、吴哥窟、大足石刻、巴米扬石窟和象岛石窟。
② 黎方银.大足石刻[M].西安：三秦出版社，2004.

白鹤梁,位于重庆市涪陵区长江之中,是一道与河道平行的天然石梁[①],是第三批全国重要文物保护单位、中国罕见的"水下碑林",被联合国教科文组织誉为"保存完好的世界唯一古代水文站"。其题刻始于唐代,近现代以来也有题刻,现存白鹤梁梁体题刻160则,可辨识文字约11000字,分别有行、楷、隶、篆、草等各种字体书法艺术,记录了自唐以来1200多年间长江中上游72个年份的枯水水文资料,为利用长江进行灌溉、航运、桥梁建设等提供了可靠依据和珍贵历史文献,具有很高的科研价值、较高的书法和文学艺术价值,是世界水文史上的奇迹。

图1-9　白鹤梁题刻

（二）重庆石窟之市级文物保护单位

重庆的石窟寺及石刻类市级文物保护单位共有25处,分布在市内12个区县。具体分布情况见下表。

---

① 石梁东西长约1600米,平均宽度为15米,因长江枯水期白鹤群集梁上而称白鹤梁。

表1-4 重庆市级文物保护单位名录（石窟寺及石刻）[1]

序号	名称	时代	区（县）
1	西山碑	宋	万州区
2	太白岩石刻群	东晋至民国	万州区
3	罗汉寺古佛崖摩崖造像	宋	渝中区
4	佛图关石刻	宋、清、现代	渝中区
5	七牌坊碑林	清至民国	渝中区
6	弹子石摩崖造像	元	南岸区
7	金紫山大佛寺摩崖造像	明	南岸区
8	老君洞石刻题记	清	南岸区
9	播州界石刻	明	万盛经开区
10	尖子山摩崖造像	唐至宋	大足区
11	大足千佛岩摩崖造像	明	大足区
12	普圣庙摩崖造像	宋	大足区
13	圣水寺摩崖造像	唐	大足区
14	陈家岩摩崖造像	宋	大足区
15	峰山寺摩崖造像	宋至清	大足区
16	龙多山摩崖造像及题刻	唐至宋	合川区
17	灰千岩崖画	汉以前	江津区
18	朝源观道教造像	明	江津区
19	陈食佛崖寺摩崖造像	宋	永川区
20	李绍隆题记	宋	綦江区
21	灵应岩石桅子	清至民国	綦江区
22	五硐岩摩崖造像	唐至清	潼南区
23	马龙山摩崖造像	民国	潼南区
24	临江岩摩崖造像	唐	忠县
25	瞿塘峡壁题刻	南宋至民国	奉节县

[1] 表格资料根据重庆公布的第一、二、三批市级文物保护单位整理形成。

可见，石窟寺及石刻类市级文物保护单位分布最多的区县为大足区，较多的区县依次为渝中区、南岸区、江津区、万州区、綦江区、潼南区。其中，大足的尖子山摩崖造像，开凿于尖子山中部一块独立的巨型岩石上，是目前川东最早的初唐佛教遗迹，因为它的出现，大足石刻的上限年代提前了240年左右，也突破了川东南石窟的纪年造像史。

（三）重庆石窟之区县级文物保护单位

重庆的石窟寺及石刻类区县级文物保护单位有167处。如，大足区的龙神村摩崖造像、东岳庙摩崖造像、塔耳山摩崖造像、全佛岩摩崖造像、新农村摩崖造像、大石佛寺摩崖造像、真武祖师摩崖造像、多宝寺摩崖造像、宝丰寺石刻、佛安桥摩崖造像、玉滩摩崖造像、七拱桥摩崖造像、半边寺摩崖造像、灵角寺摩崖造像、潮阳洞摩崖造像、马王村佛耳岩摩崖造像、七佛岩摩崖造像、张家庙摩崖造像、保家村摩崖造像、青山院摩崖造像、水利村佛耳岩摩崖造像、长河村佛耳岩摩崖造像、西沟村摩崖造像、普和寺摩崖造像等。江津区的金仙洞石刻造像、隆兴寺石刻造像、千佛岩摩崖造像等。因为数量众多，在此不做详细阐述，后文根据分析需要再单独点出。

第三节　看芳华之特色
——川渝石窟寺特点面面观

石窟艺术是一部开凿在石头上的史书，是集宗教、建筑、服饰、绘画、雕刻、历史人文及风土人情为一体的恢宏篇章。川渝石窟寺大多开凿于唐宋时期，是中国石窟艺术的晚期代表，其在汲取前期石窟艺术精华的基础上，根植于历史悠久的巴蜀文化沃土，形成了独具一格的鲜明特质，掀开了中国石窟艺术新的篇章，标志着石窟艺术中国化进程的完成。

一、布局特色：数量多、分布广，但单点规模不大

根据2020年国家文物局组织开展的全国石窟寺专项调查，全国共有石窟造像文物5986处，其中川渝地区占全国的47.6%。川渝地区现存古代石窟和摩崖造像571处，其中四川现存401处、重庆现存170处，有石窟寺及石刻类全国重点文物保护单位39处，包括乐山大佛与大足石刻2处世界文化遗产，占全国总量268处的14.55%，仍然居全国第一。

川渝地区石窟寺数量多，除了交通环境、文化环境、经济环境等因素影响外，还有一个重要因素是特殊的地质结构，即四川盆地素有"红色盆地"之称，有大量的易于开凿和雕刻的红砂岩，这种特殊的地形地貌造就了川渝地区丘陵地带石窟寺集中分布的现象。

同时，川渝地区石窟寺分布广且单点规模不大。川渝地区石窟寺（摩崖造像）分布在四川、重庆50余个区县内，多位于四川盆地丘陵地区的河谷和古道旁，多散布于田野乡间，除了大足石刻和乐山大佛等著名的石窟寺外，更多的石窟长时间不为人知、很少被人关注。这种情况的出现，主要是由历史背景和客观条件所致。佛教和石窟艺术在中国发展阶段，我国著名大型石窟通常位于当时的行政中心，也往往具有皇室背景，比如山西大同云冈石窟，就位于当时北魏政权的首都平城附近，由北魏皇室资助修建，甚至后来北魏首都迁至洛阳，北魏皇室政权又继续开凿了龙门石窟。而四川远离中国古代的政治中心，

石窟多由地方官员、当地宗教团体和普通百姓捐资开凿，由于资金有限，开凿的大多是浅龛与摩崖造像，较少鸿篇巨制的作品，更无中原石窟那样的皇家风范，呈现地势偏僻、规模相对较小，很多石窟藏在山林之中的特点。千年来，佛教信众、巴蜀百姓以开窟凿像为功德，在房前屋后、田间地头随情随性、因地制宜，务实、虔诚的结社集资开凿大大小小的造像，以寄托他们心中的美好愿景，造就了丰富多彩的川渝石窟寺。

二、艺术特色：世俗化、生活化，具有强烈的地域性

佛即众生，道法自然。正是因为川渝石窟寺由广大佛教信众及巴蜀百姓开窟，石窟文化逐渐融入川渝大地的社会生活，在中华大地的石窟传播路线上，川渝石窟寺自成一体，独具地域化、世俗生活化的审美特质，充满人间烟火气。在这里，石窟造像如同一龛龛艺术画作、如同村民日常生活劳作的缩影、如同人间悲欢离合的真实写照，让动态的生活与静态的造像融为一体，构成了一幅幅平常质朴的风俗画，一起历经风霜，一望千年。川渝石窟寺世俗生活化特性具体表现为三个方面。

（一）佛神形象世俗生活化

在川渝石窟中，对诸多佛、菩萨、罗汉等造像的塑造，不再局限于特定的仪表规定，而是无不流露出人世间繁杂缤纷的生活气象，饱含人性之美的世俗化形象。以观音菩萨造像为例，它们不再是千篇一律的"菩萨低眉"的安详庄严，而是各具情态，或雍容华贵，或妩媚秀丽，或文雅俊逸。

如安岳石窟的毗卢洞水月观音，面形圆润、袒胸露怀、装饰繁缛、姿态随意，左手撑于石座，右手置于膝，左足垂踏池中莲，右足跷脚戏坐于蒲叶山岩座，体态风韵而又端庄贤淑，

神圣中透出世俗化的韵味,有"风流观音"之称。还有大足石刻北山佛湾的数珠手观音,体态轻盈、身材婀娜、衣带飘飘,仿若立于微风中,两手交于腹际握一串数珠,整个神态天真腼腆、面呈羞涩,看上去已无菩萨之威严,仿若邻家少女,由于她媚态尽显,民间又称她为"媚态观音"。巴中南龛石窟还有一尊"草鞋天王",这种形象的天王在全国可以说是绝无仅有的,据说天王之所以要换上草鞋是为了适应大巴山泥泞难行的山路。

图1-10 水月观音(左)和数珠手观音(右)

(二)造像题材世俗生活化

在川渝石窟群像中,尽管表达的依然是宗教的核心教义,但所选取的题材内容已经十分普遍地涉及人间现实生活中的万千景象了,尤以大足石刻宝顶山大佛湾造像群最为典型。有如下主题摩崖造像:抓周、养鸡、牧牛、习武、划船、牵马、奏笛、稚童嬉戏、负子扶亲、病苦老死、扶棺哭丧、杀猪宰羊、抚育子女成长、为子女婚嫁、劝人饮酒等,几乎都是对世俗生产、生活方方面面场景的塑造,生动地反映了当时的社会图景,简直就是一座立体的宋时民间风俗画廊。而在各个场景中刻画的大量世俗人物形象，形神兼备，准确地展示出了人物的心理活动与社会阶层。特别是对女性人物的刻画，她们有的衣饰华美、身材窈窕，尽显大家闺秀风范，有的衣着简朴、体格饱满，凸显勤劳质朴的乡村女姑形象。正如著名学者李泽厚曾赞道，大足石刻中最为成功的作品是那些有着优美俊俏形象的"真实的"人间妇女。

图1-11 宝顶山摩崖造像之一碗金一碗饭（左）和吹笛女（右）

图1-12 观无量寿佛经变相中嬉戏的童子

（三）表现形式世俗生活化

佛经通常比较晦涩难懂，佛教为宣传佛经教义，自隋、唐以来便开始流行以"变相"的方式传经布道。所谓"变相",就是描绘佛经内容或佛传故事的图画,因为通常图画比文字更易解易认,人们也更爱看,如莫高、云冈等石窟的大量壁画就是具体表现形式。在川渝石窟中,则采用摩崖造像方式,用浮雕、高浮雕、圆雕描绘佛经教义,配刻经文、偈语、颂辞等文字说明,变相与变文并举,图文并茂,且采用连环画的表现形式,趣味盎然。如大足宝顶山石刻中的父母恩重经变相、大方便佛报恩经变相、观无量寿佛经变相、地狱经变相、牧牛图等都是典型代表。以大佛湾第30号窟的牧牛图为例,全图长达30余米,分为10组,分别刻画牧人驯牛的画面,前后连贯,营造出一幅田园牧歌的生活画卷,而以牛比心,以牧人喻修行者,以绳子和鞭子喻佛教清规戒律,表现佛教修为循序渐进的禅意跃然石上。由此可见,此种连环画式的表现形式,经变内容丰富连贯,世俗生活气息浓厚,在中国石窟文化中可谓独树一帜。

图1-13 宝顶山摩崖造像之牧牛图(局部)

（四）精神信仰的世俗化[①]

由于川渝石窟多为基层普通百姓捐资造像，石窟寺早期具有的修行与礼佛双重功能已退化，老百姓更多是从自身需求出发，采取"实用主义"的信仰形式，不会深入理解宗教教义理论，也不会严格划分各教派之间的界限，这也是儒、释、道三教合一造像在川渝盛行的原因之一。如大足石篆山石刻有连在一起的三窟造像，分别供奉着儒家、佛家和道家的最高神灵，分别是第6号窟孔子及十哲像、7号窟三身佛像、8号窟老君像，在孔子及十哲龛左门柱内侧，镌刻铭文一则："……弟子严逊，发心镌造此一龛……愿世世生生，聪明多智……"由此可知，宋人为了聪明、多智信仰儒教，儒教是宋人信众们的智慧神。还有大足、安岳、巴中等石窟寺中很多与生育相关的神灵造像，比如道教中掌管生育的"三圣母"，佛教中护佑子女的"诃梨帝母"，又称"鬼子母佛"，无不体现了老百姓祈求多子多孙、家族兴旺的美好世俗愿景。

图1-14　石篆山石刻孔子及十哲像

[①] 张智瑜.中国石窟世俗化的高峰—巴蜀石窟［J］.戏剧之家，2018（27）.

虽然有的学者倾向于关注年代早、表现风格异域的石窟造像，看惯了早期北方石窟造像风格，不易接受川渝石窟寺世俗化、写实性强的特点，认为其显得俗气。但是，艺术喜好因人而异，老百姓喜欢的"接地气"的作品，就是好的作品。

三、思想特色：融汇三教、自成一体，具有道德教化作用

川渝石窟寺既顺应历史文化潮流，又推陈出新、极工穷变，不仅展现了古代工匠高超的雕刻技艺，而且以极大的包容性，在悬崖峭壁之上生动具体地承载了以儒、释、道三教融合为基本特征的新思潮、新文化、新形式，是三教和谐共处的实物例证。

儒家学说、道家学说和佛教的哲学体系与思想观念各不相同，自佛教传入中国后，一直与本土的儒教、道教有着激烈论战，在三教之争中发生了4次毁佛灭佛事件，每一次冲突都会引起社会的动荡。自公元624年，唐高祖李渊出面开展"三教论衡"，调停三教矛盾后，佛、儒、道便第一次从对立走向了融合。之后，佛教采取了引儒援佛的态度，儒教、道教也模仿佛教开龛造像，经历了一个由依附、冲突到互相融合的过程，特别是到了宋代，儒、释、道三教思想趋于成熟且调和而一。在此特定历史背景下，川渝石窟寺出现了众多包容三教思想，乃至三教合一的精美造像。下面就以最具代表性的世界文化遗产大足石刻为例，通过"两个融合"来感受川渝石窟寺包容的和合思想艺术。

（一）形式融合

主要表现为在佛教石窟中，出现儒、道的独立造像及三教合区、合窟的造像形式。石窟艺术本属于佛教产物，但同样为道教和儒家所用，如南山石刻三清古洞，因为其采用佛教造像

中流行的中心柱布局，与常见的佛教石窟颇为相似，体现了主张"道本无形"的道教也模仿佛教开龛造像；石门山雕刻精美的三皇洞、东岳大帝、千里眼、顺风耳等道教造像杂陈于众多佛教龛像中，呈现出典型的佛、道融合景象。

佛、儒融合方面，在北山摩崖造像中，近万尊都是以佛教为主题，而相传由孔子撰写的《孝经》毗邻佛祖造像，让儒家的忠孝理念与佛经教义两种截然不同的价值观在同一个山头上平安相处。儒、释、道融合方面，石篆山石刻的第6、7、8号窟孔子十哲龛、三世佛龛、老君龛被有意安排各处一龛，毗邻而居，是中国石窟中现存最早的三教合一造像；特别是妙高山第2号"三教合一"窟，主尊为释迦牟尼佛，窟左壁为老君，窟右壁为文宣王孔子，他们共居一窟，相敬而坐，说法、论道、讲经，各显神通，谁能想到曾在庙堂、市井长达许久的三教争论，却在大足一乡里之中，相处甚无碍，默语近千年。

图1-15 妙高山石窟之三教合一窟

（二）思想融合

集中表现为在宝顶山石刻造像中，有大量从佛教经典，甚至是伪经中选出含有儒、道两家伦理思想的题材。如大方便佛报恩经变相和父母恩重经变相便是对中国传统儒家"孝治天下"和道家《太平经》"为子当孝"等两家有关"孝道"思想的阐释。宝顶山大佛湾第17号窟大方便佛报恩经变相，是以《大方便佛报恩经》为主，同时从《杂宝藏经》《净饭王般涅槃经》等经文中抽出有关内容凑成的一组"孝养故事"，讲述了佛祖释迦牟尼前世和今生行孝父母的感人事迹；宝顶山大佛湾第15号父母恩重经变相，根据唐代僧人编写的佛教伪经《父母恩重经》镌刻，以10组形象逼真的雕像描述父母对子女的种种慈爱与恩德，歌颂父母含辛茹苦养育子女的艰辛过程，教育子女要知孝、行孝。又如六道轮回图、猫鼠图、牧牛图等主题造像，亦融合了儒、道两家有关修身养性、清心寡欲的思想。

从川渝石窟代表之大足石刻中的三教造像年代序列中可以看出，由最初的独立造像，到合区造像，再到合窟造像，直至最后思想、理念的有机融合造像，体现了三教融汇由形到意的演变进程。那些展示三教思想融合的鲜活造像，则成为表达"孝道""廉洁""修为"等中国传统美德的载体，是说理育人的生动教材。

综上可见，如星点般散落在川渝大地上的石窟，除了浓郁的宗教色彩，也记录了淳朴的民俗风情，将晦涩难懂的佛经教义用世俗化、生活化的石刻艺术语言呈现在了崖壁之上，一览山野石窟背后的繁华巴蜀，在很大程度上反映了佛教传播的中国化进程，书写了中国石窟艺术史上辉煌的篇章[1]。

---

[1] 孙雪静，孙华. 川渝石窟的历史与价值[J]. 遗产与保护研究，2017，2（3）：1-8.

第四节　品芳华之内涵
——川渝石窟寺的内涵及价值探析

如果说北方石窟是"中国石窟艺术的上半阕",那么川渝石窟无论从数量规模、地域特色,还是从艺术成就上,都当之无愧是"中国石窟艺术的下半阕"。2019年,习近平总书记在敦煌考察调研时要求"深入挖掘敦煌文化和历史遗存背后蕴含的哲学思想、人文精神、价值理念、道德规范等,推动中华优秀传统文化创造性转化、创新性发展,为新时代坚持和发展中国特色社会主义提供精神支撑",其中饱含了习近平总书记对挖掘好、利用好中国石窟寺文化的殷切期盼。

一、石刻阐理:赏析川渝石窟寺的文化内涵

川渝石窟寺作为中国石窟寺文化的重要组成部分,蕴含着丰富的哲学思想、人文精神、教化思想、道德理念等,下面就以川渝石窟寺代表之大足石刻为例,来感悟石刻造像背后的故事及哲学义理。

(一)信念坚定,无坚不摧

看过大足宝顶山石刻的人都会不约而同地产生一个疑问:"到底是何方神圣,可以缔造如此世界性的文化遗产?"其"总工程师"就是赵智凤。赵智凤5岁归于佛门,16岁云游到川西弥牟的"圣寿本尊院"学习柳本尊佛法,19岁学成归来,开始致力于宝顶山石刻的建造,一直持续到89岁去世。从19岁到89岁,70年的时间里,他四处化缘筹集资金,亲自设计,独立主持,带领昌州地区几乎所有的工匠在宝顶山的前沿后壁凿石刻

佛,将晦涩难懂的佛经教义用世俗化、生活化的石刻艺术语言呈现在了崖壁之上。赵智凤,不过一个僧人,也是一个普通老百姓,无权无势无家底,但他却以一人之力带领近千名工匠致力于如此浩大的工程,其中的艰辛是可想而知的,但他却从未想过放弃。

图1-16　赵智凤雕像

择一事,终一生。是什么力量促使他在任何艰难困苦下都一如既往？是因为他一个毕生的信念。什么样的信念？正如大佛湾里所刻画的:"假使热铁轮,于汝顶上旋,终不以此苦,退失菩提心。"即使烧红的铁轮悬在我的头顶上,我也不会退失我的菩提心。什么菩提心？也就是"弘扬佛法、教化众生",正是因为弘扬佛法、教化众生的信念一直支撑着他,让他拥有了无坚不摧的力量。他的事迹告诉世人:坚定的信仰信念是一切成就的力量之源。只有坚定了信仰信念,才能不忘初心、牢记使命,才能克服种种艰难困苦,到达理想的彼岸。

(二) 舍生忘死,十炼成佛

宝顶山摩崖造像第21号柳本尊行化事迹图,呈现的是柳本尊为弘扬佛法的"十炼"故事。

图1-17　柳本尊行化事迹图

据考证,柳本尊为嘉州(今四川乐山市)人,生于唐大中九年(公元855年),原名柳居直,是唐末五代时在四川弘传瑜伽密教的一代宗师。他自唐光启二年(公元886年)盟于佛,承袭金刚顶瑜伽部密教,弘盛密教于川西,并在汉州弥牟(今成都市青羊区弥牟镇)设立道场。

该龛正中刻柳本尊坐像,眇右眼、虚左臂、缺左耳,其左右刻有柳本尊炼指、立雪、炼踝、剜眼、割耳、炼心、炼顶、舍臂、炼阴、炼膝十炼图及各图铭文,详细地说明了十炼的具体时间、地点和证明人。略举二例:第一炼为"炼指",所谓炼就是用火烧,炼哪个部位就烧哪个部位。由于当时当地发生瘟疫,柳本尊某天看到百姓被疾病缠身,心生同情,遂在道场中炼左手食指第一节,供养佛祖,祈愿消灭疾病;第四炼为"剜眼",据说当时有汉州刺史赵君欲试其是否真是无我无私,派人去说要一只人眼做药,柳本尊听后面无难色,立即持刀剜眼,交付差人,刺史诚服,投身忏悔。柳本尊"十炼"己身的故事,传达的是他愿意为弘扬佛法、拯救众生牺牲自己的一切,表现出一种"以拯救苦难中的黎民百姓为己任,为普度众生而忍受各种苦难"的精神。当然,柳本尊的修行方式有历史和理念的局限性，我们也不主张为了他人而采取自残的方式，但是他的这种全心全意舍己为人的可贵精神令人景仰。

（三）贪欲为恶，多欲为苦

宝顶山摩崖造像第3号六道轮回图，该图刻一身躯高大、面目狰狞的无常大鬼，长舒双臂环抱巨轮，轮子中刻画了众生在轮回中的6种不同转生趋向。这6种转生趋向在第二圈予以清晰地说明。上中为天道，日月绕须弥山顶，顶上建宫殿，展示极乐世界。上左为阿修罗道，刻一位三头六臂之神，手擎日月，侧有侍者，下有献供者，表示享天福而怀嗔心。上右为人道，共刻四人表四大部洲。下中为地狱道，漆黑的地狱之门旁设有沸腾的油锅，一个马面卒正在拖着一人去受刑。下左为畜生道，刻有一狮、一牛、一马。下右为饿鬼道，一饿鬼手抱一人，口咬其头，侧边一鬼贪馋欲夺，下面有一人恐惧欲奔。其中上三道为善三道，下三道为恶三道。大家都想去上三道，而不愿去下三道，而做了坏事的人就必须得去下三道。

图1-18 六道轮回图（左）和猫鼠图（右）

那人为什么会做坏事呢？在轮盘左下方，刻一文官武将，文官腆腹叉腰，武将怒目而视，都是贪官形象，展现出对权势、名利的无限欲望；轮盘右下方刻有一猴子，侧身回望身后的美貌女子，展现出对美色的无限欲望。轮盘的右上方刻有这样一句话："三界轮中万种身，自从贪爱业沉沦。"贪爱指的是对金钱、权势、美色、物质等无休止的欲望，人正是因为各种无休止的欲望而造下恶业，使得自己沦落到下三道，以此来告诫世人：贪爱是人造恶的根源，一定要戒除贪欲。

在六道轮回图摩崖造像的下方，还刻有一幅耐人寻味的猫鼠图。地上蹲坐着一只猫，它凝望着竹尖上的老鼠，非常想吃老鼠，可是竹子又细又滑，爬不上去，吃不到，它很是烦恼。而老鼠，哆哆嗦嗦地想下来求得生存，可它却不敢下来，一下来就会被猫吃掉。一个求生不能，一个求食不得，都是欲求不得，它们两个都很烦恼。所以"欲求不得，苦之本也"。这启示世人：欲望太多，痛苦和烦恼就会接踵而来。

因此，贪欲是恶，多欲为苦，人生在世，一定要戒贪止欲。

（四）正心克己，慎独慎微

宝顶山摩崖造像第19号缚心猿锁六耗图，所谓"心猿"，就是指人心像猿猴一样的不安分；"六耗"也就是六根，即眼、耳、鼻、舌、身、意，由于人的精力都消耗在这六根上，因此被称为"六耗"。

修行者怀里抱着一只猿猴，猿猴本是喜欢蹦蹦跳跳的，此时却安安静静地躺在人的怀里，这是为什么呢？因为在修行者座下六只动物被紧紧锁住了，它们分别是犬、鸦、蛇、狐、鱼、马，为什么要锁住他们呢？因为他们分别代表着人的六根，旁边刻有铭文"眼如走犬,逐五色村;耳如乌鸦,逐空吱起"等,意思是眼像狗一样,看到好看东西就会到处追,耳像乌鸦一样,听到好听的声音就会四处飞,等等。六根是人心感知外界的渠道,如果六根随意与外界接触,就会有"色、声、香、味、触、法"六尘,侵蚀人的内心,让人产生种种欲望,就像鼻子闻到了酒的香味就会贪喝,舌头尝到了美味佳肴就会贪吃,由此内心躁动,"心猿意马"。此时把它们紧紧锁住就表示六根不再放纵,而内心也不再有"六尘"的侵扰,也就不会产生种种欲望,于是人心便会像修行者怀里的猿猴那般安静淡然。

图1-19 缚心猿锁六耗图

锁和不锁六耗有截然不同的结果。在修行者的左边挨着天堂图这边有3个字,"善、福、乐",表示锁住六耗,发善心造善业,就会得福享乐进入天堂;右边挨着地狱图这边写着"恶、祸、苦",表示没有锁住六耗,发恶心造恶业,就会遭祸遭苦下地狱。所以天堂地狱之所以一墙之隔其实在于一念之间。正所谓"一念成佛,一念成魔",正如古人道"一念收敛,则万善来同；一念放恣，则百邪乘衅"。而这一念的关键就在于能否严格约束自己，锁住六耗，避免外界的干扰和诱惑，使人少生欲念，保持内心清净。这也正是六耗图告诉我们的正心之道。因此，人生在世，面对形形色色的干扰和诱惑，一定要处处慎独、时时慎初、事事慎微、关键慎欲，严格约束自己，只有这样，我们的心才不为物所累，不为物所役，从而一心一意去追求自身的事业和理想。

（五）诸恶莫作、众善奉行

地狱为众苦集聚之所。中国石窟艺术中描绘地狱的有很多，但内容最丰富、最完整，规模最宏大、最厚实的，非宝顶山摩崖造像第20号地狱变相图莫属。

在造像的第二排刻画的是地狱中的审判官十殿阎王。在左上方高悬一面镜子，叫"业镜"，把人拉到镜子前照一照，生前是为善还是为恶，一目了然，想要遮掩是不可能的，象征"公正定刑"。那为了多少恶？对称的右上方有一杆秤，叫"业称"，拿到秤上称一称，几斤几两，绝对的公平公正，象征"公平量罪"。接下来根据为恶的性质及多少，打入18个阴森恐怖的地狱里。地狱里是刑罚酷虐，受刑之人是凄惨无比，以下略选数个。

刀山地狱：一鬼卒提一人扔上林立的刀山，刀刃穿身而过。

油锅地狱：熊熊大火上放了一口油锅，一个马面鬼卒正拿着一根长棍搅拌，锅内是尸骨累累，旁边一个鬼卒正抓住一个人的头发准备往锅里扔，那人吓得赶紧捂住双眼，表示惨不忍睹。

黑暗地狱：一个鬼卒左手提一人，右手高举铁锤将他的眼睛打瞎，旁边双目失明的夫妇在摸索着爬行。

剖腹地狱：一人被反手绑在柱子上，一个马面鬼卒正拿着一把矛把它的肚子戳破，看他吃了多少不该吃的东西，据说生前铺张浪费者下此地狱。

图1-20 地狱变相图

这一个个极富感染力和震慑力的场景，让人感觉就是一个活脱脱的警示教育基地。告诫人们要从善去恶，常存敬畏之心，"举头三尺有神明""善恶到头终有报，不是不报，只是时候未到"。

（六）专注笃定、精益求精

参观过大足石刻的人们无不惊叹于石刻的精美、艺术性和故事性的巧妙融合，以及当时匠人们的精湛技艺。特别是宝顶山石刻构思精巧、艺术精湛、规模宏伟，表现出高超的智慧和工艺，同时也让人感受到当年工匠们呕心沥血开凿石窟的艰辛过程。文以化人，日新其德。大足石刻凝练的匠心也一直在大足传承，千手观音的修复即为实例。

千手观音造像历经800多年的风雨，虽慈悲犹在，但容颜却改，身上的金箔不断地脱落，手指也在不断地掉落，如再不对它进行抢救性修复，它终将消失在历史之中。现如今，它却如重获新生一般，那是如何做到妙手回春、辉煌重现的呢？有一组数据：第一，110多个工作人员，包括工程师、工匠，历经

8年时间、3000多个工作日，才完成千手观音像的修复；第二，为修复千手观音，文物修复专家们制定了1066个实施方案，因为这样一个融雕刻、贴金和彩绘为一体的巨型文物，在中国文物修复史上还没有可以借鉴的经验，仅仅是修复其石质胎体，就需要地质学、材料学、美学等多学科专家联手诊治，而修复文物"用出去的一刀一针都是不能撤回的"，正如大足石刻研究院文物保护工程中心主任陈卉丽所说，必须"慎之又慎、思之又思"，只有实验、实验、再实验；第三，在88平方米的崖壁上，用了1900多斤矿物质粉，都是修复专家们用类似棉签之类的东西一点一点黏合上去，上完粉后，就是贴金箔，一片一片的，相当于半张名片的大小，贴了150多万张。特别还要提一下，千手观音每一只手的修复需要经过表面除尘、揭取不稳定金箔、加固粉化的石质等13个流程，而要完成830只手的修复，这是一个无法想象的工作量。

通过这次大修，千手观音像原有的34种病害都得到了有效治理，千手观音重现昔日美丽风采。可以说，如今的大足石刻，不但是历代匠人们智慧与汗水的结晶，也有着今人专注笃定、精益求精的情怀、态度、信念倾注于其中。

图1-21　文物工作者正在修复千手观音像

（七）以身率孝，爱家爱国

天下之本在国，国之本在家，家之本在身，身之本在德，德之本在孝，大足石刻中就有很多教人行孝的元素。

宝顶山摩崖造像第15号父母恩重经变相，用一组图阐释了为何要尽孝，以及何为孝道。为何要尽孝？正如图绘中父母对子女的种种恩德："怀胎守护恩"，为了胎儿的健康，母亲不得不喝苦涩的保胎药；"临产受苦恩"，十月怀胎，一朝分娩，母亲即将临产，疼得无法言语，而且还面临生产的危险，正是自古就有"儿奔生来娘奔死"，很多人也把自己的生日称为母难之期；"推干就湿恩"，带孩子也是一个很辛苦的过程，到后半夜，孩子尿床了，母亲起来为孩子把尿，把完尿就把孩子放在床铺上干净的地方，自己睡在尿湿处，阐述"儿睡干娘睡湿"；"哺乳养育恩"，孩子贪婪地吮吸着母亲的乳汁，而母亲手里却拿着一个窝窝头，吃的是粗茶淡饭，却用最甘甜的乳汁来喂养子女，旁边铭文写着"不愁脂肉尽，唯恐小儿饥"。最令人印象深刻的是"远行忆念恩"，儿子长大了，要出门求学立业，老父亲老母亲腿脚不便，却相互搀扶着送了一程又一程，送到山下方向，父亲稍显理智些，他偷偷拉扯一下母亲的衣角，好似在说，"老伴儿，天色不早了，该回去得了，儿子还有这么远的路要赶"。可是儿行千里母担忧，母亲听后是又生气又着急的样子，回过头给了老头子一肘子，嗔怪道，"你懂个啥子，儿子不是你生的，就不知道心疼"。旁边铭文"恐倚门庭望，归来莫太迟"，告诫人们作为子女，不管离家多远，都不要迟迟不归，以防父母倚门盼望，这就是对儒家的"父母在，不远游，游必有方"的最好诠释。通过这龛造像，世人可以明白，儿女从十月怀胎到呱呱坠地，到蹒跚学步，到年少轻狂，父母所付出的无私的爱，用语言是无法表达的，用金钱更是无法计算的，对于这份重如山、深似海的恩情，一定要铭记，要报答，要对父母尽孝。

图1-22　父母恩重经变相（局部）①

那为人子女又该如何尽孝呢？父母恩重经变相的最后一组图给出了答案。"究竟怜悯恩"，"究竟"指"至极"，也就是父母对子女最大的恩德，老父亲老母亲已经一百多岁了，可还是不忘记教育前面跪着的80岁的儿子，旁边铭文写着"百岁惟忧八十儿，不舍作鬼也忧之"。百岁父母，已知天命，可唯一放心不下的就是世间的子女。为人子女，该如何尽孝？在其后面紧接着写道"观喜怒，常不犯慈颜"，也就是说仅仅给予物质上

---

① 　左上体现"怀胎守护恩"，右上体现"临产受苦恩"，左下体现"生子忘忧恩"，右下体现"推干就湿恩"。

的享受是远远不够的,更重要的是要根据父母的喜怒哀乐说话做事,不让父母担忧难过。但是,后面还有一句"非容易,从来谓色难","色难"出自《论语·为政篇》,"色"表示和颜悦色,"难"表示困难,对父母能时常保持和颜悦色其实是最困难的。因此在"父母恩重经变相"中,古人感叹"知恩者少,负恩者多"。痴心父母古来多,孝顺儿孙谁见了。告诫做子女的行孝一定要尊敬父母、顺父母的心意,给予父母情感上、精神上的慰藉与关爱。这也是为什么孝和敬、孝和顺往往放在一起说。

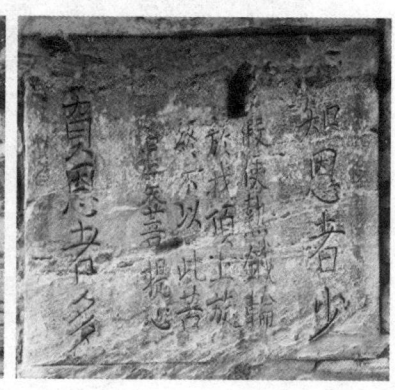

图1-23 父母恩重经变相(局部)①

大足北山摩崖造像103号《古文孝经碑》,《孝经》是儒家经典之作,相传是孔子论证孝的一篇文章,而如今古文渐渐衰弱,几乎失传。因此,北山摩崖造像中的《古文孝经碑》被称为"寰宇间仅此一刻"。

《孝经》第一章开宗明义阐明孝的宗旨:"……夫孝,始于事亲,中于事君,终于立身……"意思是:作为子女,除了奉

---

① 左边为"究竟怜悯恩",右边为造像正中间的碑文。

养父母、敬爱父母，还要为父母好好爱惜自己，长成好身体，修养好德行，练就好本领，建功立业，报效国家。习近平总书记在2019年春节团拜会上讲到，"在家尽孝、为国尽忠是中华民族的优良传统。没有国家繁荣发展，就没有家庭幸福美满。同样，没有千千万万家庭幸福美满，就没有国家繁荣发展"，强调要把爱家和爱国统一起来。因此，为人子女，始于事亲，这是小孝；终于事君，也就是为国、为民效劳效力，这是大孝。

二、当代评说：探析川渝石窟寺的诸多价值

在新时代新征程上，川渝石窟寺在宗教内容、造像形式、文化知识、价值观等方面体现着突出的价值。

（一）包容创新的社会价值

在中国最具代表性的四大石窟中，唯有川渝石窟寺顺应历史文化潮流，推陈出新，生动具体地展现三教融合内容，充分体现了中华文明开放包容、守正创新的特质。其中，敦煌石窟始建于前秦建元二年（公元366年），是"敦煌学"的宝藏，敦煌文书和雕塑、壁画等图像的主题都是以佛教为主。云冈石窟（公元460—524年）和龙门石窟（公元493年），都以自己独特的方式，昭示了当时皇室贵族对佛教文化艺术的新定义、新理解，而道教造像仍然无缘佛教文化艺术的殿堂。如大足石刻则融合并创造了一种纯中国式的石窟雕刻风格。以世俗化的有趣题材，形象化的表现形式，展现了中国化的人间佛国。这种包容创新的文明特质，不仅契合当时的社会需求、民众心理，也是当今世界多元互鉴的主基调，是建设社会主义和谐社会的底色，经过上千年的发展和传承，至今依然存在。同时，开放包容，创新协同发展，也是成渝地区双城经济圈建设的核心路径之一，是川渝地区的一种广泛的艺术表现形式和社会发展共识。

（二）精美绝伦的艺术价值

川渝石窟寺规模宏大、雕刻艺术精湛，在诸多方面都开创了石窟艺术的新形式，是中国晚期石窟造像艺术中的典范。其中，如大足石刻的雕刻形式有圆雕、高浮雕、浅浮雕、凸浮雕、阴雕五种，更把雕刻、贴金、彩绘等技艺相融合，雕刻线条流畅、精巧细致，人物体态优美，把石刻之美永远地、艺术地凝固在了悬崖峭壁之上。如大足石刻中的千手观音，造像崖面88平方米，通过摩崖浮雕形式雕刻了有830只"金"手，有的手五指平伸，有的手持法器，层浪叠涌，万般姿态，纵横交错，像花一样开放，令人叹为观止。大足石刻的独特雕塑审美和呈现方式，是我国雕刻史中最浓墨重彩的一笔，对现在的艺术仍有着重要的影响和研究价值，在我国古代石窟艺术史中占据不可替代的地位，如著名的《人民英雄纪念碑浮雕》《收租院》等很多被奉为雕塑界的当世名作，也都能从中看到大足石刻的身影。

（三）宗教哲学的文化价值

川渝石窟寺占地面积大，内涵丰富，透过大足石刻、乐山大佛这些纷繁的图像，反映了不同时期的社会现状和文化特色，表现了丰富的哲学思想和不同的宗教知识。我们已能深切感知：川渝石窟寺是一个包容和体现多元宗教文化的文化宝库，是世界级的文化瑰宝，比如，著名的柳本尊行化道场，柳本尊是佛教密宗的第六代教主，该教派的造像不仅为中国石窟艺术做出了贡献，是具有极高的历史价值、科学意义和艺术价值的文化瑰宝，还为弘扬我国文化起到了重要作用。同样，川渝石窟寺作为中国民间宗教信仰的产物，集中了我国的宗教文化，也是中国民间宗教不断变化发展的重要实物例证，其用丰富多样的刻画题材，很好地向人们呈现了独特的中国文化和现实生活的结合，展现了中国早期信仰的多元化，对后世宗教哲学思想方面有重要意义。

（四）文以载道、文以化人的思想价值

习近平总书记指出："文以载道、文以化人。当代中国是历史中国的延续和发展，当代中国思想文化也是中国传统思想文化的传承和升华。"川渝石窟寺很好地将石窟艺术和儒、释、道三教文化相结合，蕴含着的"慈、善、孝、义、廉"等核心价值观，深刻启示着治国理念和方略、个人修养和行为。如儒家主张"仁、义、礼、智、信"，佛家追求"诸恶莫作、众善奉行、遵守十戒、心灵安定、运用智慧"，道家强调"领悟道、修养德、求自然、守本分、淡名利"等，在川渝石窟寺中共同熔铸成忠孝诚信、礼义廉耻、弃恶扬善、大同和谐等优秀传统文化，凝固着传统文化精髓的不朽信念和精神堡垒，可作为国人立身行事、追求人生价值的标准和原则。再如，儒、释、道三教共同的思想价值可指向一个"和"字，川渝石窟寺中亦多处体现出这种难能可贵的"和"，同时启示人们把寻求和谐、稳定的思想方法视为构建和谐社会的根本途径。所以，川渝石窟寺是中华优秀传统文化在川渝大地深度凝练的精神标识，其蕴含的核心价值观是文以载道、文以化人的力量。

第二章　千年芳华保护杂说

——川渝石窟寺国家遗址公园建设研究综述

从川渝石窟寺衍生到川渝石窟寺国家遗址公园，其中不仅增加了国家遗址公园这一公园概念和建设路径，也将川渝石窟寺与国家遗址公园两者有机融合、相互促进，故理清两者的规范概念是前提，梳理两者的研究成果是基础。本章重点从已有的研究成果中，对川渝石窟寺国家遗址公园建设相关情况进行梳理，窥一斑而引全豹，为下一步研究做铺垫。

通过中国知网（CNNI）以"川渝石窟寺国家遗址公园"为主题进行文献（含期刊、会议、报纸、博硕学位论文，下同）搜索，无相关文献。以"石窟寺"为主题进行搜索，共有文献2941篇，其中以"川渝石窟寺"为主题的有41篇。以"川渝石窟寺"为主题进行搜索，共有文献37篇。以"国家遗址公园"为主题进行搜索，共有文献1174篇，其中以"国家考古遗址公园"为主题的有745篇，占比63.46%，以"国家公园"为主题的有11篇，以"国家文化公园"为主题的有12篇。由此可看出，与川渝石窟寺国家遗址公园直接相关的文献非常少，整体研究川渝石窟寺的文献也较少。与国家遗址公园相关的有国家考古遗址公园、国家公园、国家文化公园，其中国家考古遗址公园与其是强相关。

由此可认为,川渝石窟寺国家遗址公园建设,是川渝两地依托川渝石窟寺这一重要文化遗产资源实施的重要文物保护利用项目,是以川渝石窟寺文物资源为建设核心、国家遗址公园为建设载体、川渝区域为建设范围开展的一项重要文化传承工程,与国家考古遗址公园、国家公园、国家文化公园建设有一定借鉴之处。针对川渝石窟寺国家遗址公园建设的相关文献,笔者将主要围绕石窟寺保护利用、国家遗址公园建设现状等方面,进行梳理总结并述评如下。

第一节 如何做好保用结合
——川渝石窟寺保护与利用的相关研究

一、石窟寺保护:深受病害困扰,工作任重道远

部分文献研究认为,川渝石窟寺同全国众多石窟寺情况相似,存在风化(含生物病害)、水患、失稳等病害,保护现状不容乐观。王金华、陈嘉琦(2018)认为自1949年以来石窟寺保护相继经历了环境清理及除险、多学科合作综合性保护、预防性保护与大规模本体修复等3个阶段,但依然面临水害、风化病害等威胁,呈现出整体发展不平衡、本体修复保护刚刚起步、具体个案的保护实践存在争议等现状[1]。石窟寺病害类型可划分为"石窟寺环境与载体岩体工程地质病害"和"石窟寺文物本体病害"两大类别,病患类别包括危岩体(崩塌)、滑坡、地下

---

[1] 王金华,陈嘉琦.我国石窟寺保护现状及发展探析[J].东南文化.2018(01):6-14.

水剥蚀、洪水及泥石流、地震等类型，病害类别包括开裂失稳、水侵蚀、风化、生物病害、人为活动诱发的病害等类型[①]。任科法、谢振斌等（2023）对比研究了四川仁寿牛角寨石窟的岩芯样品和风化样品，认为气候条件耦合盐风化作用是牛角寨石窟表层砂岩的主要风化方式[②]。袁伟、阚艳伶等（2022）研究了安岳毗卢洞石窟水害成因，认为石窟渗水主要来源为大气降水和空气中的水汽，大气降水的周期变化和水汽加速了石窟水害的发生[③]。郝爽、乔云飞（2023）研究认为，新增暴雨灾害严重地区包括四川省资阳市安岳县、四川省巴中市巴州区，同时滇、贵、川、渝交界区内各县的文物受灾风险普遍相对较高，四川东北部的巴中市是该片区内风险最高点[④]。

对于石窟寺存在的种种病害，部分文献进行了文物保护工作的总体探索。郭开凤、何正萱（2023）研究认为，文物保护工程管理制度分别经历初创阶段（1950—1960年）、探索阶段（1970—1980年）、发展阶段（1990年—21世纪初）、挑战阶段（21世纪初至今），新时期文物保护工程管理要突出专业性和针对性修订文物保护工程类型，细化现有的文物保护项目专业类型，强化人员资格管理，探索制订文物保护行业招投标管理办

---

① 王金华，陈嘉琦.我国石窟寺病害及其类型研究[J].东南文化.2022（04）：25-32.

② 任科法，谢振斌等.四川仁寿牛角寨石窟盐风化作用机理与气候响应[J].地质论评.2023，69（04）：1368-1386.

③ 袁伟，阚艳伶等.安岳毗卢洞石窟水害成因分析[J].地下水.2022，44（03）：45-47.

④ 郝爽，乔云飞.气候变化视角下我国不可移动文物暴雨灾害风险变化趋势研究[J].中国文化遗产.2023（01）：81-90.

法、实施设计施工一体化工程管理模式等①。杨小菊、于宗仁等（2023）认为，近年来石窟寺与古代壁画保护研究重点聚焦风险监测、病害勘察、防风化加固、水害治理、生物病害防治等重大紧迫的科技需求，统筹部署石窟寺保护理论、关键技术、标准规范和保护装备研发等任务②。张青兰（2023）梳理首届石窟寺保护国际论坛成果，认为面对日益变化的气候环境和更加复杂的石窟寺病害因素，迫切需要用跨领域和跨学科的宏大视野，在保护理念、保护措施、保护技术、保护材料等方面与时俱进③。张帅、宁利君等（2023）通过研究构建了石窟寺安全风险评估指标体系，其中一级指标为石窟寺类文保单位安全风险，二级指标分别为场所管理风险、运营活动风险和突发灾害风险，三级指标分别为重点场所风险和一般场所风险，交通运输风险、大型活动风险、陈列展览风险、旅游开放风险、建筑施工风险、窟内作业风险和文保工程风险，人为活动风险和自然灾害风险④。李畅（2022）认为应打破行政和部门边界，通过集聚效应实现长江经济带国保单位时间连续、空间连通和类型联动的协同保护及传承⑤。肖波、余艺芳（2022）研究认为，宜大力

---

① 郭开凤，何正萱.文物保护工程管理制度探析［J］.中国文化遗产.2023（04）：109-116.

② 杨小菊，于宗仁等.基于文献计量学的石窟寺及古代壁画研究态势分析［J］.石窟与土遗址保护研究.2023，2（01）：80-98.

③ 张青兰.首届石窟寺保护国际论坛 相聚大足 共谋石窟寺保护与新生［J］.重庆与世界.2023（09）：68-73.

④ 张帅，宁利君等.石窟寺安全风险评估指标体系构建及实证研究［J］.中南民族大学学报（自然科学版）.2023，42（06）：775-780.

⑤ 李畅.长江经济带文化资源分布态势及归因——以全国重点文物保护单位为例［J］.南京社会科学.2022（07）：163-172.

探索石窟保护利用的技术创新与管理创新，加强石窟数字化保护利用；推动数字资源管理和共享共用，提高石窟保护利用水平等①。王莉（2022）研究认为，未来我国石窟寺保护要重视基础研究工作、转变工作思路、强化材料的保护和创新，以研究思维开展文物保护和加强石窟寺保护研究人才及队伍建设②。王涛、胡斌（2022）研究认为，川渝地区中小型石窟遭侵蚀严重并不断加剧，需要加大对中小型石窟保护性建筑设计建设，包括确保保护性建筑的保护功能、观赏空间营造、风格协调、全生命周期设计等方面③。

同时，也有诸多文献以具体石窟寺为例针对病患进行有益的防治方法的探索。贾甲、蒋思维等（2023）以大足石刻大佛湾"卧佛"为例，分析了我国石窟寺最为普遍、危害最为严重的岩体裂隙渗水病害，从补给源、各种渗流通道的渗流特点及渗流作用、渗流病害与渗流路径的关联性、岩体裂隙渗流方式与组合特征、排泄特点等方面，构建了"卧佛"岩体裂隙渗水病害精细水文地质模型④。赵希、施紫越等（2023）以广元千佛崖为例研究了石窟保护性建筑设计，认为减缓河谷风、温度、湿度等环境要素的剧烈变化是实现稳妥、改良性的保护策略，未来设计需要做到理性规划、风格协调、规避局限、具有创意

---

① 肖波，余艺芳. 文明交流视角下石窟遗产的亚洲印记与全球价值［J］. 湖北民族大学学报（哲学社会科学版）. 2022，40（03）：135-143.
② 王莉. 当前我国石窟寺的保护与发展［J］. 文物鉴定与鉴赏. 2022（03）：48-50.
③ 王涛，胡斌. 基于巴蜀地域特色下的中小型石窟寺保护性建筑设计与实践——以大足石刻21处中小型石窟为例［J］. 住区. 2022（04）：122-129.
④ 贾甲，蒋思维等. 大足石刻大佛湾"卧佛"岩体裂隙渗水病害精细水文地质模型研究［J］. 石窟与土遗址保护研究. 2023，2（01）：4-15.

的思路①。刘长青、包含等（2023）以安岳圆觉洞为例，研究了石窟寺多尺度岩体结构发育特征与三维精细化建模方法，提出了一种针对石窟寺多源结构面信息的三维建模技术，得到了石窟寺岩体结构面数字化分布信息②。安程、吕宁等（2020）以广元千佛崖为例，分析了开放性石窟的预防性保护技术路线，对石窟文物预防性保护的劣化致因分析、保护措施设计与优化、保护措施评估评价提供有效支撑③。冯太彬、刘珂源等（2023）对大足石刻北山168窟悬吊锚杆加固工程的稳定性进行研究，认为悬吊梁加固工法减少了裂缝的波动值，在悬吊锚杆加固条件下，石窟保持稳定状态，这种悬吊锚杆加固方式可为类似平顶石窟薄板破碎顶板的稳定性支护提供参考④。刘原合（2022）对重庆奉节县的摩崖石窟造像遗存进行研究，认为要开展考古调查研究、抢救性保护工作、数字化保护工作，以及制订近期、中期、长期保护规划，进一步加强石窟寺的保护管理⑤。张明、钟意淋等（2022）分析了江津石门大佛寺摩崖造像保护现状，认为管护水平有待提升、保护研究有待加强、传承利用有待深化，要优化科学管护工作、深化文物保护工作、强化文化内涵

---

① 赵希，施紫越等. 巴蜀地域特色下的石窟保护性建筑设计——以广元千佛崖为例 [J]. 甘肃科技. 2023，39（11）：91-93.
② 刘长青，包含等. 石窟寺多尺度岩体结构发育特征与三维精细化建模方法研究——以安岳圆觉洞为例 [J]. 工程地质学报. 2023.
③ 安程，吕宁等. 预防性保护理念对我国石窟寺保护的影响与实践 [J]. 东南文化. 2020（05）：13-19.
④ 冯太彬，刘珂源等. 大足石刻北山石窟悬吊锚杆加固工程的稳定性 [J]. 土木与环境工程学报（中英文）.2023.
⑤ 刘原合. 重庆奉节县的摩崖石窟造像遗存 [J]. 东方收藏. 2022（09）：29-31.

挖掘研究、活化宣传利用方式①。

还有部分文献针对石窟寺岩体保护进行了专项研究。兰恒星、吕洪涛等（2023）对石窟寺岩体劣化失稳方面的研究成果进行了系统梳理，从成岩环境与区域地质、区域环境演化、可溶盐等7个方面总结了各因素作用下石窟寺岩体的劣化机制与失稳机理，认为石窟寺岩体劣化失稳的根本原因是内外因素引起的力学作用、物理作用、化学作用、生物作用的相互耦合，需要进一步开展石窟寺多因素耦合劣化失稳研究，加强石窟寺岩体结构分析，加强石窟寺岩体劣化机理的研究，以及针对不同地域的石窟寺在岩体劣化失稳机制方面存在的差异，开展多区域联合研究②。李黎、陈卫昌等（2022）研究认为，要通过多学科联合，重点研究石窟寺岩体耦合松动机制与失稳机理，揭示石窟寺岩体瞬时与渐进变形规律，构建石窟岩体多尺度裂隙灌浆加固技术方法，形成平顶板洞窟岩体加固技术并示范③。王旭东、郭青林等（2022）针对石窟寺岩体保护加固的特殊性，从保护理念、病害机理、勘察技术、加固技术等4个方面进行分析，提出要在石窟寺岩体保护理念、石窟寺岩体加固的精细化勘察与定量病害评估、预防性保护背景下岩体破坏机理、健康监测及相应的保护手段等方面深入研究④。

---

① 张明，钟意淋等.江津石门大佛寺摩崖造像保护现状调查与研究［J］.文物鉴定与鉴赏.2022（02）：34-39.
② 兰恒星，吕洪涛等.石窟寺岩体劣化机制与失稳机理研究进展［J］.地球科学.2023，48（04）：1603-1633.
③ 李黎，陈卫昌等.石窟寺岩体稳定性预测与加固关键问题［J］.石窟与土遗址保护研究.2022，1（01）：28-38.
④ 王旭东，郭青林等.石窟寺岩体保护加固研究进展［J］.石窟与土遗址保护研究.2022，1（01）：6-27.

此外，部分文献从石质文物保护材料、近景测量方法、数字化保护与利用工作、盐害类型与蒸发速率关系、保护性窟檐建设、摩崖石窟外部空间、强降雨环境等方面分析了石窟寺保护工作，还以敦煌莫高窟、麦积山石窟、云冈石窟、台州石窟寺、庆阳北石窟寺等具体案例分析了无线网络深度覆盖技术、游客承载量等方面的具体保护运用情况，为川渝石窟寺国家遗址公园建设提供了有益参考。此外，部分文献认为新时代石窟寺保护要编制石窟寺专项规划，保护规划需重点解决保护对象认定、威胁因素分析、与相关规划衔接、制定切实可行保护措施、设定切实可行管理利用措施等。

二、石窟寺研究：虽然逐渐丰富，但系统性尚嫌不足

川渝石窟寺研究成果逐渐丰富，主要涉及历史沿革、石窟考古等方面。米德昉（2021）研究了南宋川东社会中的柳本尊信仰及其影响，认为12世纪末在四川盆地东部以大足与安岳为中心的区域内兴起了对神格化人物"柳本尊"的信仰，在当地僧侣人士的弘扬与推动下，近一个世纪在各地开崖立祠、镌像奉祀，逐渐发展成为一种具有地方特色的民间佛教。这种"流行"既引起区域内既有宗教结构的变革与转型，又创造了一系列具有独特内容与样式的石窟艺术[①]。裴琳娟（2022）在《巴蜀摩崖石窟寺建筑环境研究》中，分析了四川摩崖石窟寺建筑的特点，认为宗教作为社会的重要组成部分，其建筑不光是特定宗教的文化象征，更能展现当时社会大环境下的文化风貌，川渝石窟具有浓郁地域色彩的宗教文化和建筑文化，展现出独特

---

① 米德昉.南宋川东社会中的柳本尊信仰及其影响［J］.佛学研究.2021（02）：219-237.

的唐宋建筑风格①。董华锋、李菲（2021）研究认为，川渝唐宋石窟营建工匠有完备的分工，涉及石匠、画匠、镌字匠、木匠4个工种，石匠最为重要，各工种根据技艺分为都料、博士、匠3个级别，大规模的营造工事还有特聘的专门工匠，工匠团队大致有分工合作式和家族式两种②。张乃千、肖宇窗（2020）研究认为，川渝地区摩崖石窟布局除了政治经济、宗教发展、艺术表现等原因外，整体上与自然条件、城镇分布、佛事活动和宗教礼仪等有关，石窟建筑之间、石窟与造像之间皆有鲜明的"巴蜀风格"③。刘瑛楠、詹长法等（2022）通过选取中国知网数据和 WOS④ 数据，从考古与历史、安全与管理、保护与技术、预防性保护、展示与利用5个方面，研究分析了中国石窟研究知识图谱表征，其中展示与利用方面形成4个聚类，聚类二是以云冈石窟、龙门石窟、大足石窟等为代表，聚类三是以大足石刻、安岳石窟等为代表⑤。肖波、张远远（2022）指出，川渝地区石窟数量和规模庞大，雕刻技艺精湛，成为南北朝至清朝石窟艺术的集中地⑥。

---

① 裴琳娟.《巴蜀摩崖石窟寺建筑环境研究》：四川摩崖石窟寺建筑的特点探析[J].建筑学报.2022（01）：123.
② 董华锋，李菲.川渝石窟唐宋摩崖题刻中的古代工匠资料辑考[J].敦煌研究.2021（03）：86-94.
③ 张乃千，肖宇窗.浅论巴蜀摩崖石窟群的空间布局[J].美术观察.2020（06）：74-75.
④ Web of Science，常用的外文文献查找网站，是全球最受信赖且独立于出版方的全球引文数据库。
⑤ 刘瑛楠，詹长法等.中国石窟研究知识图谱表征分析[J].自然与文化遗产研究.2022，7（03）：44-63.
⑥ 肖波，张远远.中国石窟的文化特性与时代价值：基于313项国保单位的考察[J].南方文物.2022（04）：251-257.

但相关文献在石窟寺基础资料、分区分期、造像题材等方面还需要进一步加强。李飞（2021）研究了2011年至2020年川渝地区石窟及摩崖造像相关研究成果，认为这段时间成果数量剧增，公布材料更为全面，且已逐步重视对小型散见窟龛的调查，对某一区域或某一时代的窟龛进行研究，但仍存在基础资料公布不够、考古报告出版速度慢、已发布资料信息不够全面、重视窟龛本地而忽略周边遗址等问题，以及部分区域基础性的分区分期研究有待扩展和深入，题材阐释存在大量重复性，从基础的造像题材释读提升到对民众思想观念、信仰状况的研究还需重点关注①。龙清、王剑平等（2023）认为四川先后归属于南北朝，这个阶段的石窟寺和造像也可分为南朝造像和北朝造像，而南朝造像出土颇多、研究也多，北朝造像少有专门研究②。陈晓瑜、张婷（2022）研究认为，石质文物分类仍存在不规范、不统一问题，要兼顾形制、功能、历史背景等基本特点与实际保护和管理工作，使用习惯的石质文物分类方法，将我国石质文物划分为石器类、岩画类、铭文石刻类、石窟寺与摩崖造像、建筑类、墓葬类6个类型③。

三、石窟寺利用：体系逐渐明显，而统筹落实还不够

部分文献针对石窟寺利用工作，从可持续发展指标、融入城市建设、文旅融合等方面进行了分析。张向前、赵岗等（2023）

---

① 李飞.川渝地区石窟及摩崖造像调查研究综述（2011—2020年）[J].四川文物.2021（05）：83-103.

② 龙清红，王剑平等.四川北朝石窟造像的调查与研究[J].南方文物.2023（02）：284-291.

③ 陈晓瑜，张婷.我国石质文物分类研究[J].石窟与土遗址保护研究.2022，1（01）：39-46.

研究构建了特定适合石窟寺类文化遗产可持续发展的评估指标体系,其中针对经济目标群、环境目标群、社会目标群,分别设定7个一级指标:经费投入目标和经济收入目标,本体目标、周边环境目标和防护与安全目标,社会价值目标和社会价值提升目标;再设定15个一级子目标:本体保护及建控投入指标、带动经济投入指标、直接收入指标、经济带动指标、本体品相指标、生态环境保护指标、人文环境保护指标、安全指标、监测指标、遗产社会价值指标、遗产数字化留存指标、遗产数字化利用指标、城市文化影响力指标、城市形象塑造指标、城市综合价值指标,并以大足石刻保护区为例进行实证分析[①]。蔡攀(2018)分析了安岳石窟,认为其卷轴式分布格局在现代城市生存环境中具有一定意义,展现的绵长蔓延空间、历史积淀和艺术之美,有益于城市建设的艺术性,能有效弥补现代城市人群因快节奏生活所造成的人性本真部分的缺失[②]。王梦娇、马健(2023)研究认为,推动巴蜀文化旅游走廊四川区域内优质文化旅游资源的深层次整合,应重点建设盐文化(美食文化)旅游主题、酒文化旅游主题、竹文化旅游主题、长江文化旅游主题、蜀道文化旅游主题、道教文化旅游主题、石窟文化旅游主题、红色文化旅游主题、温泉文化旅游主题、藏羌彝文化旅游主题等十大主题,其中石窟文化旅游主题则是以安岳石窟、广元石窟、巴中石窟、乐山大佛、夹江千佛岩、自贡荣县大佛、宜宾

[①] 张向前,赵岗等.石窟寺类文化遗产可持续发展指标体系构建研究[J].地理研究.2023,42(12):3331-3348.
[②] 蔡攀.安岳石窟的卷轴式分布格局对现代城市生存空间的意义[J].四川戏剧.2018(01):185-189.

八仙山大佛、资阳半月山大佛、资中重龙山摩崖造像为代表的文化旅游主题①。孙琳（2022）研究认为，川渝石窟寺整体统筹需加强、系统保障需完善、保护责任需压实、法治服务需优化、文旅价值需深挖，加强川渝石窟寺保护利用路径需要建立"会商＋规划＋调度＋营销"的统筹推进机制、搭建"考古调查＋精准立档＋科学评价＋数字化保护"的系统保障工程、构建"属地管理＋行业主管＋专业监管＋社会监督"的齐抓共管体系、营造"协同立法＋专业司法＋多方协作＋联合宣教"的良好法治环境、打造"人才建设＋技术创新＋产业融合＋文化交流"、创建"品牌统一＋展示丰富＋功能多样＋文化独特"的国家遗址公园的文旅孵化基地、形成"城景融合＋古今交汇＋文化繁荣＋主客共享"的世界文化地标群②等方面。

此外，部分文献通过分析甘肃省文物保护单位时空分布特征及其影响因素，以及甘肃石窟寺调查数据和保护利用现状，认为要加大不同气候与地质环境石窟寺崖体、洞窟、塑像、壁画及附属设施的损毁机理和保护技术研究；以建设敦煌学研究高地为目标，架构石窟寺研究体系；适时选择性推广敦煌研究院创建的"十位一体"质量管理模式、"总量控制＋线上预约＋数字展示＋实体参观"石窟展示利用新模式等，形成"一个典范高地引领，三处世界遗产支撑，四大片区协同发展，一廊一带互容互通"的甘肃石窟寺保护研究总体发展思路。

---

① 王梦娇，马健. 巴蜀文化旅游走廊四川区域十大重点建设主题战略构想［J］. 四川省干部函授学院学报. 2023（04）：21–26.
② 孙琳. 加强川渝石窟寺文物管理的法治化路径研究［J］. 重庆行政. 2022（05）：58–61.

四、小结

川渝石窟寺体现鲜明的"巴蜀风格"和唐宋建筑风格，石窟数量和规模庞大，雕刻技艺精湛，是儒、释、道合一彼此对话、会通共生的文化瑰宝，与甘肃等省市石窟在一定程度上相似，不仅存在岩石崩塌、表面风化、暴雨灾害等自然破坏现象，还存在不同程度的人为破坏、保护工作面广、保护修复难度大、数字化保护不足、考古调查研究不够、管理研究力量薄弱等现实问题，以及文旅价值挖掘、扩大宣传营销、可持续传承保护管理等需求，仍需要在以下几个方面进行探索：建立川渝两地统筹推进机制、编制石窟寺专项规划、开展多区域联合岩体研究、开展石窟寺本体保护和预防性保护、完善相关学科体系建设、加强石窟寺保护研究人才队伍建设等。

第二节　怎样建设遗址公园
——国家遗址公园建设研究综述

一、生态属性：关于国家公园建设研究的梳理

关于国家公园的研究较多，对于国家公园的核心概念、主要功能、评估指标等较为统一，认为其最主要的功能为生态系统保护。邹统钎（2021）研究认为，国家公园概念最早可追溯到1980年的英国，当时被称为"national property"，目前没有全球通用的严格定义，各地的共性特点有3个方面：价值较高的保护区域（包括水域）、需要兼顾保护与利用（提供多种公众服务）、国家对其保护和利用要承担重要责任[①]。杨昊、李昌禹

---

① 邹统钎. 国家文化公园管理总论［M］. 北京：中国旅游出版社，2021.

（2023）研究认为，中国的国家公园建设是把自然生态系统最重要、自然景观最独特、自然遗产最精华、生物多样性最富集的区域纳入，加强生物多样性保护，把构建自然保护地体系纳入国家公园建设体系①。陈君帜、叶菁等（2022）以秦岭国家公园为例进行研究，构建国家公园社会影响评价指标体系，包括利益相关者分析、社会影响分析、经济影响分析、社会风险分析、社会效益分析等指标，并对秦岭国家公园面临的社会影响、经济影响、风险等进行评价②。此外，国内外文献还以具体案例进行国家公园建设经验的比较与借鉴、试点地区的案例研究、建设的可行性与建设构想等。如，研究了武夷山国家公园生态安全、大熊猫国家公园四川片区资源价值、福建武夷山国家公园蝴蝶种类、三江源国家公园生态系统、三河源国家公园政策神农架国家公园体制试点区分区规划、昆仑山国家公园青海片区种子植物，以及欧洲国家公园游憩、新西兰国家公园步道、法国国家公园管理政策、美国国家公园生态观等方面，探讨了国家公园的生态概念、生态功能和保护利用的生态措施等国家公园生态观内容，认为这些生态观对中国生态文明建设、国家公园体制创建及正确处理自然文化遗产保护利用关系具有重要启示作用。

二、文化属性：关于国家文化公园建设研究的梳理

关于国家文化公园的研究，近年逐渐趋多，文化资源、文化挖掘、文化传承、文旅融合等文化要素是研究的重点。唐承

---

① 杨昊，李昌禹. 高质量推进国家公园建设［R］. 人民日报. 2023.12.14：第18版.
② 陈君帜，叶菁等. 国家公园社会影响体系构建与评价——以秦岭国家公园为例［J］. 中国园林. 2022，38（04）：20-25.

财、黄梓若等（2023）梳理分析了2006年9月至2023年1月国家文化公园的研究成果，认为国家文化公园包含国家认同、文化传承和公园建设，2006—2016年为起步探索期，2017年以后为快速推进期，文化挖掘与保护传承、文旅融合与活化利用、建设方向与发展路径，以及管理体制机制建设等方面是研究重点，需要深化跨学科的理论研究体系、建立问题导向的研究方法体系、强化内容深度研究、引领实践问题研究[①]。邹统钎（2021）研究认为，国家文化公园建设的总体目标包括促进优秀文化保护传承、加强民族精神研究发掘、提升文化公园环境配套、促进文化与旅游深度融合、加强文化公园数字化改造等5个方面[②]。樊潇飞、Kim Kyung Yee（2022）研究认为，国家文化公园是以国家为鲜明底色，具有突出整合意义的系统性文化建设工程，存在分区建设的同质化风险、资源活用手段单一、资源保护制度和权责利关系问题，需要保证文旅融合的可持续性、为地方特色注入"国家性"、融入多元文化强调文化旅游的功能拓展、合理引用现代化建设手段优化游览体验[③]。戴俊骋（2023）认为国家文化公园有公园个案、国家公园、文化遗产、运营管理、空间功能、项目技术、符号传播等研究路径，但仍需进一步探索、解释不同文化区的横向整合、不同尺度的纵向整合和不同价值的判断选择的机理问题，并提出在国家文化公园的文

---

① 唐承财，黄梓若.文化强国战略下中国国家文化公园研究述评与展望［J］.干旱区资源与环境.2023，37（06）.
② 邹统钎.国家文化公园管理总论［M］.北京：中国旅游出版社，2021.
③ 樊潇飞，Kim Kyung Yee.新时代文化旅游发展中建设国家文化公园的价值、问题与优化［J］.社会科学家.2022（12）：51–57.

化、空间、管理三大要素基础上，探索横向与纵向两对关系，强化价值研究的"321"系统研究框架[①]。范周（2022）研究认为，当前国家文化公园数字化建设的研究成果较为零散，仍存在文化资源类型的复杂性致使数据关联不紧密、公众在建设过程中"身份缺位"等问题，须从重塑思维、创新机制和业态、加强数字化传播等方面着力解决[②]。此外，相关文献研究了长江国家文化公园保护管理利用，长江国家文化公园空间分布格局，黄河国家文化公园遗产保护与旅游利用，济宁、枣庄大运河国家文化公园资源分布，长城国家文化公园文化价值之后，认为国家文化公园的任务是综合保护文化遗产、阐释并传播文化价值，要推动文化传承与旅游利用协调发展。

三、文物属性：关于国家考古遗址公园建设研究的梳理

关于国家考古遗址公园的研究非常多，主要涉及大遗址价值、大遗址保护相关内容。席岳婷（2020）研究认为，国家考古遗址公园的建设兼顾了大遗址保护和公众日益增长的文化需求，为大遗址保护利用提供了一种行之有效的方法，将保护和利用融入社会经济发展中，可以为古老的遗址重新焕发勃勃生机[③]。王新文、刘飒（2023）创新构建了考古遗址公园视域下大遗址价值评估体系，其中一级指标为基本价值、直接应用价值、区域整合价值，二级指标为历史价值、艺术价值、科学价值、文化价值、教育价值、游憩价值、景观生态价值、经济价值和

---

① 戴俊骋.国家文化公园研究的路径分析［J］.旅游学刊.2023，38（06）：40-51.
② 范周.文化数字化战略背景下国家文化公园的发展向度和建设思考［J］.人民论坛·学术前沿.2022（23）：48-55.
③ 席岳婷.国家考古遗址公园文化旅游研究［M］.北京：科学出版社，2020.

社会价值,认为将遗址保护利用与区域发展相结合的区域整合价值挖掘是关键环节,可促进考古遗址公园真正发挥文化生态基质作用[①]。钟晨、薛玉峰(2022)研究认为,大遗址保护应坚持"真实性、完整性及可逆性"的保护展示原则,以遗址片区"最小干预"为规划理念,充分考虑遗址公园保护与开发的平衡关系,避免复建、改建遗址,杜绝过度园林化、娱乐化及商业化趋向[②]。王刃馀(2019)研究了国家考古遗址公园核心价值及社会记忆功能,认为国家考古遗址公园是中国大考古遗址最主要的社会利用形式,是社会公众使用的基本途径。其社会记忆延续功能的发挥主要依靠两项工作,一是对核心价值的物质载体进行保护,以求将物质载体本身尽可能长久地留存下来;二是通过考古、文保、主题筛选与表现设计、形态化等环节,将遗产价值信息通过展示手段传递给受众群体,以期将基础信息和价值意义载入社会公共记忆[③]。田湘萍(2023)研究认为,国家考古遗址公园的展示利用存在"泛博物馆"现象,存在遗址文化特色欠缺、公众参与路径匮乏、内容支撑不足等问题,建议以真实性与完整性为基本原则,不断更新展示利用手段,保持独特的文化身份;以观众需求为导向,创新价值供给方式,注重提升展示利用可及性;以可持续性发展为目标,适时转变

---

① 王新文,刘飒.考古遗址公园视域下大遗址价值评估方法研究——兼论统万城遗址价值评估[J].东南文化.2023(01):13-23.
② 钟晨,薛玉峰.考古遗址公园建设中"真实性"保护展示途径探讨——以隋唐洛阳城定鼎门遗址公园规划为例[J].中国园林.2022,38(03):129-133.
③ 王刃馀.国家考古遗址公园形态与核心价值利用刍议[J].南方文物.2019(03):260-263.

身份，提高展示利用成效①。

此外，还有相关文献以具体案例进行了国家考古遗址公园评估体系分析。王新文、易雨婕（2023）以汉长安城未央宫为例，构建了国家考古遗址公园规划实施效果评估体系，其中系统层为实施效力评估、实施效用评估，准则层为空间落实、资源维护、公众满意度，指标层为环境整治规划落实度、遗址展示体系落实度、价值阐释体系落实度、道路交通体系落实度、服务设施体系落实度、遗址保护展示完整性、遗址保护展示真实性、遗址保护展示延续性、考古科研完备性、维护与监测完备性、遗产文化传播度、景观风貌满意度、综合服务满意度共13个指标，建议构建"规划编制—实施—评估—反馈—整改"动态体系推进公园建设②。魏文婉、杨心雨（2022）以苏家垄遗址为例构建了考古遗址公园规划影响评估体系，其中准则层为文物保护属性影响、周边环境属性影响、社会建设属性影响、文化传承属性影响、经济发展属性影响，指标层为遗址本体保护、遗址环境保护、景观环境、区域生态环境、社会结构、社区服务、公众参与、文化传承、文化外延、文化经营、收入水平、旅游服务等12个指标，建议规划调整需要注重遗址本体的保护和展示、重视文化传承和文创产品研发、遗产保护与生态环境协调发展③。汤学锋（2019）分析了屈家岭考古遗址公园建

---

① 田湘萍．"泛博物馆"视野下的国家考古遗址公园展示利用研究［J］．中国博物馆．2023（05）：71-76．
② 王新文，易雨婕．国家考古遗址公园规划实施效果评估研究——以汉长安城未央宫为例［J］．西安建筑科技大学学报（自然科学版）．2023，55（05）：720-728．
③ 魏文婉，杨心雨．基于文本挖掘的考古遗址公园规划影响评估研究——以苏家垄遗址为例［J］．江汉考古．2022（06）：124-131．

设现状与路径，认为要坚持"政府主导、部门托管、公众参与"思路和"文物保护、属地管理"原则，选择"行业指导、政府主导、企业投入、等额回补"资金投入模式，避免过度商业化，努力实现文物保护与旅游业发展的共赢[①]。由此可得出，国内遗址公园研究呈现出实践倒逼性的显著特征，主要在于解决遗址公园建设实践中面临的实际问题，多以遗址公园个案进行分析，研究主题多元化、理论体系构建关注度不够[②]。

四、小结

通过分析国家公园、国家文化公园、国家考古遗址公园三者相关的研究文献，笔者发现国家公园建设最重要的属性是生态，即生态系统保护；国家文化公园建设最重要的属性是文化，即文化价值传承；国家考古遗址公园建设最重要的属性是文物，即文物本体保护和传承。三者之间有区别、有联系，只是侧重点不相同，国家文化公园、国家考古遗址公园建设也需要注重生态属性，国家考古遗址公园建设也需要注重文化属性。而石窟寺国家遗址公园建设是一个全新的概念，虽然很少有文献进行研究，但从国家公园、国家文化公园、国家考古遗址公园建设相关文献中能反映一些基本属性，如文物属性、文化属性、国家属性，故对川渝石窟寺国家遗址公园建设的研究，既是一个起点，也是一个重点、难点，这也是本书研究的出发点。

---

① 汤学锋.让城市守护历史 让历史守望未来——屈家岭考古遗址公园建设现状与路径思考［J］.江汉考古.2019（S2）：127–131.
② 王京传.国家考古遗址公园功能及其实现机制研究［M］.北京：人民出版社，2023.

第三节　广泛汲取他山之石
——对国内外同类研究梳理之所得

通过梳理以上文献，现对研究成果总体评价如下。

一、川渝石窟寺国家遗址公园建设形势不容乐观

川渝地区石窟多、分布广、价值高，但保护面临的问题多、难度大。研究认为，石窟寺及石刻包括石窟寺、摩崖石刻、碑刻、石雕等，全国石窟寺分布广泛、不均衡，呈现部分区域集聚现象，而川渝地区石窟数量规模庞大，分布在绝大多数市区（县），是中国石窟艺术的集中地区。川渝石窟具有浓郁地域色彩的宗教文化和建筑文化，以大足石刻、乐山大佛、安岳石窟等为代表，体现了儒、释、道三教融合，佛教生活化、世俗化等特点，具有重要的文化价值、艺术价值。然而，川渝石窟寺保护研究传承利用之路还很长，特别是面临岩体裂缝渗水病害、暴雨灾害等水害问题，亟待认真开展考古调查研究，开展抢救性保护工作，制定近期、中期、远期保护规划等，以及深化传承利用、优化科学管护、强化内涵挖掘、加强多元化人才培养等，着力打造国际旅游胜地、开放主客共享会客厅建设、实施乡村石窟文化公园建设等。以上这些任务是当前川渝石窟寺保护利用需要加紧推进实施的，任务多、对象多、要求高、形势也非常严峻。

二、川渝石窟寺国家遗址公园建设是一项系统工程

推进石窟寺保护利用是一项系统性工程，需要系统思考、全局谋划、同步建设。研究认为，石窟寺保护利用需用跨领域、跨学科的宏大视野，不仅要在保护理念、保护措施、保护技术、保护材料等方面与时俱进，也需建立统筹推进机制，做到政策统一会商、方案统一规划、力量统一调度、文旅统一营销，才能形成一套符合我国国情的文物保护理念，统筹部署石窟寺保护理论、关键技术、标准规范和保护装备研发等任务，同步推进保护、研究、管理、利用、人才等工作，做到抢救性保护、预防性保护与活化利用的创新性传承。就川渝来讲，石窟寺资源分布广、管理保护难度大，只有做到系统思考、全局谋划、同步建设，才能更好地保护利用好石窟寺资源，才能更好地完成这一系统性、任务量大的工程。故如何打破区域界线、扫除体制机制障碍以实现川渝石窟寺更好地保护利用，建设川渝石窟寺国家遗址公园或许就是最好的答案。

三、川渝石窟寺国家遗址公园建设恰逢其时

川渝石窟寺国家遗址公园建设，涉及要素多，是促进川渝石窟保护利用的有效路径，尚处于探索阶段。较少文献涉及川渝石窟寺国家遗址公园的概念阐述或者项目建设的分析与思考，而这一概念涉及国家公园、国家文化公园和国家考古遗址公园，既具有国家公园的生态属性，也具有国家文化公园的文化属性，还具有国家考古遗址公园的文物属性，也具有国家属性。所以，川渝石窟寺国家遗址公园建设，虽涉及要素多，但有建设思路，比如，围绕川渝石窟寺保护、研究、传承、利用等展开的一系列的工作；搭建结合川渝石窟寺保护利用实际、符合川渝现实情况的建设路径，虽然目前仍处于探索阶段，但是建设路径正逐渐明了，川渝石窟寺保护利用的美好蓝图正逐渐呈现。

第三章　芳华家园应运而生
——川渝石窟寺国家遗址公园建设刍探

文化遗产是一个国家、民族文化成就的重要标志和集中表达，如何保护好、研究好、传承好、利用好文化遗产，实现可持续的传承与发展已成为当今世界焦点话题之一。

石窟寺是重要的文化遗产，是人类文明的重要组成部分，目前我国被列入《世界遗产名录》的砂砾岩石窟寺类遗产包括云冈石窟、敦煌莫高窟、麦积山石窟和大足石刻。川渝多石窟，四川石窟寺文物数量居全国第一、重庆石窟寺文物数量居全国第三，川渝地区的2850处石窟寺（含摩崖造像）分布在50余个区县之中，数量多、价值高，但分布地域广、保存环境复杂。如何在川渝56.84万平方千米的土地上，传承与发展石窟寺文物？川渝石窟寺国家遗址公园应运而生。

中国石窟看川渝，川渝石窟建公园。川渝石窟寺国家遗址公园建设，是贯彻习近平总书记关于石窟寺保护利用工作相关指示批示精神的重要举措，是落实《国务院办公厅关于加强石窟寺保护利用工作的指导意见》、国家文物局《"十四五"石窟寺保护利用专项规划》等重要文件的必然要求，是深入实施成渝地区双城经济圈建设"一号工程"，是长江国家文化公园、巴蜀文化旅游走廊建设的切实行动，是契合川渝两地石窟寺保护利用切实需求的一项重大工程，意义重大且影响深远。

第一节 芳华家园建设缘起
——川渝石窟寺国家遗址公园建设的重要意义

一、思想指引：贯彻习近平文化思想

习近平文化思想，于2023年10月举行的全国宣传思想文化工作会议上正式提出，是对新时代党领导文化建设实践经验的理论总结，也是在新征程上担负起新的文化使命的科学行动指南。推进文物保护利用和文化遗产保护传承是习近平文化思想的重要内容。习近平总书记强调："文物和文化遗产承载着中华民族的基因和血脉，是不可再生、不可替代的中华优秀文明资源。""要加强考古工作和历史研究，让收藏在博物馆里的文物、陈列在广阔大地上的遗产、书写在古籍里的文字都活起来，丰富全社会历史文化滋养。"[1]而保护历史文化遗产是推动文化传承发展的重要基础，针对文化遗产保护，总书记指出"要敬畏历史、敬畏文化、敬畏生态，全面保护好历史文化遗产，统筹好旅游发展、特色经营、古城保护，筑牢文物安全底线，守护好前人留给我们的宝贵财富"。总书记要求"各级党委和政府要增强对历史文物的敬畏之心，树立保护文物也是政绩的科学理念，统筹好文物保护与经济社会发展，全面贯彻'保护为主、

---

[1] 张向前,赵岗,贾慧彤,邓祥征.石窟寺类文化遗产可持续发展指标体系构建研究［J］.地理研究.2023, 42（12）：3331-3348.

抢救第一、合理利用、加强管理'的工作方针，切实加大文物保护力度，推进文物合理适度利用，使文物保护成果更多惠及人民群众……"。对于石窟寺这一重要的历史文化遗产，总书记高度重视，2019年8月在视察莫高窟时强调："要十分珍惜祖先留给我们的这份珍贵文化遗产，坚持保护优先的理念，加强石窟建筑、彩绘、壁画的保护，运用先进科学技术提高保护水平，将这一世界文化遗产代代相传。"2020年5月，在考察云冈石窟时，总书记又强调："云冈石窟体现了中华文化的特色和中外文化交流的历史，是人类文明的瑰宝，要坚持保护第一，在保护的基础上研究利用好。"

从习近平文化思想中，可以深刻体会到石窟寺这一重要历史文化遗产的重要价值和做好石窟寺保护利用工作的重大意义。建设川渝石窟寺国家遗址公园就是贯彻习近平文化思想的具体举措，而习近平文化思想也是川渝石窟寺国家遗址公园建设工作的科学理论指导与根本遵循。

二、国家要求：落实国家重要文件、规划部署

近年来，中共中央办公厅、国务院办公厅、国家文物局等相继印发重要文件、制定重要规划，提出依托石窟寺建设国家遗址公园的工作任务、工作方法和工作目标等。2020年10月，国务院办公厅印发《国务院办公厅关于加强石窟寺保护利用工作的指导意见》（国办发〔2020〕41号），就加强新时代石窟寺保护利用工作做出顶层设计，要求编制石窟寺保护利用专项规划，明确提出"整合河西走廊、川渝的石窟寺资源建设国家文化遗产线路、国家遗址公园"。2021年10月，国务院办公厅印发《"十四五"文物保护和科技创新规划》（国办发〔2021〕43

号），提出"开展莫高窟、云冈石窟、龙门石窟、麦积山石窟、大足石刻、克孜尔石窟、柏孜克里克石窟等重要石窟寺保护示范，开展川渝、河西走廊、陇东陇南、陕北、新疆、西藏等中小石窟寺抢救性保护、安全防护设施建设，加强价值研究和展示传播，整合川渝、河西走廊石窟寺资源建设国家文化遗产线路和国家遗址公园"。2021年9月和11月，国家文物局相继印发《中国石窟寺考古中长期计划（2021—2035年）》和《"十四五"石窟寺保护利用专项规划》（文物保发〔2021〕34号），提出"结合国家乡村振兴战略，串联线性石窟寺文物资源，稳步推进川渝石窟寺遗址公园、河西走廊国家文化遗产线路建设"。2022年8月，中共中央办公厅、国务院办公厅印发《"十四五"文化发展规划》，提出"实施莫高、云冈、龙门、麦积山、大足等重要石窟寺保护示范和河西走廊、川渝地区、陕北地区等中小石窟寺抢救保护，强化科技支撑，规范旅游开发，建设国家级和区域性石窟寺保护研究管理机构"。此外，2022年5月，文化和旅游部、国家发展改革委、重庆市人民政府、四川省人民政府联合印发《巴蜀文化旅游走廊建设规划》（文物保发〔2021〕34号），提出"实施石窟石刻保护展示提升工程、中小石窟抢救性保护、名碑名刻调查保护项目，创新文化遗产活化利用，推动建设川渝石窟寺遗址公园"。

2022年7月，全国文物工作会议提出新时代文物工作22字方针，即"保护第一、加强管理、挖掘价值、有效利用、让文物活起来"，集中体现了习近平总书记关于文物工作重要论述精神。近年来，中宣部、科学技术部、教育部、国家发展和改革委员会、自然资源部等也相继从遗产保护、科技创新、文化传承、德育美育、乡村振兴等多个层面提出对文物工作的支持政策和期望要求。建设川渝石窟寺国家遗址公园是落实党中央、国务院重要决策部署，践行新时代文物工作方针的重要探索，是系统推进未来石窟寺保护、研究、展示等工作的重要抓手，有助于走出一条符合当代需求的文物保护、研究、利用之路。

三、使命担当：契合成渝双城经济圈建设的文化责任

成渝地区双城经济圈建设是习近平总书记亲自谋划、亲自部署、亲自推动的国家重大区域发展战略，是党中央交给川渝两地的重大战略任务，是促进两地一体化发展的重要战略举措。建设川渝石窟寺国家遗址公园，正是川渝两地落实"一号工程"的切实行动，川渝两地将会在政策制度层面探索出更加成熟、可操作的一体化发展途径，为川渝石窟寺国家遗址公园共享共建的机制体制创新提供经验，打下基础。

在此背景下，川渝两地不断拓展合作领域、丰富合作内涵、完善合作机制，紧抓长江国家文化公园建设契机，推出巴蜀文化旅游走廊、资大文旅融合发展示范区等举措，推动出台《巴蜀文化旅游走廊建设规划》《推动成渝地区双城经济圈文物保护利用战略合作协议》《川渝石窟寺国家遗址公园建设战略合作协议》等文件。川渝石窟寺国家遗址公园建设，将促进川渝文物保护利用合作走深走实，进一步支撑川渝协调联动发展、川渝一体化发展布局，成为成渝地区双城经济圈的重要引擎。

同时，石窟寺是川渝两地共有、数量庞大、体系完整且极具地域特色的文化遗产，川渝两地山水相连，历史文脉相承，文化同宗同源，在文化遗产领域具有先天的合作优势和深厚的合作基础。作为首个开展试点建设的石窟寺国家遗址公园，川

渝石窟寺国家遗址公园肩负着探索示范的重要使命与责任，公园建设也为川渝地区石窟寺资源保护利用提供了前所未有的政策机遇，成为践行新时代文物工作方针要求、走出一条具有川渝特色的石窟寺文物保护利用之路、助力长江经济带建设和成渝地区双城经济圈建设的重要途径。

第二节 芳华家园建设比较
——川渝石窟寺国家遗址公园建设的特征分析

川渝石窟寺国家遗址公园，是近年国家文物局在石窟石刻保护方面的初次探索，国内尚无先例。与之相关的概念有国家公园、国家文化公园、国家考古遗址公园。严格意义上说，由于目前尚处于探索阶段，对于川渝石窟寺国家遗址公园，学界还没有一个明确的定义。四川省文物考古研究院向北京清华同衡规划设计研究院实行单一来源采购川渝石窟寺（四川区域）国家遗址公园规划时，指出其具备国家文化公园、国家考古遗址公园的规划设计理念。相关领域专家亦认为，川渝石窟寺国家遗址公园是介于国家公园、国家文化公园、国家考古遗址公园之间的一个概念，既蕴含着三者共同的一些特征属性，又区别于三者。因此，要想准确把握川渝石窟寺国家遗址公园建设的内涵要求，首先要理解几种公园概念。

一、关于各种公园概念的解读

（一）国家公园

国家公园（National Park）是指由国家批准设立并主导管理，以保护具有国家代表性的自然生态系统为主要目的，实现自然资源科学保护和合理利用的特定陆域或海域。实质上，国家公园是保护区的一种类型，最早起源于美国，后为世界大部分国家和地区所采用。2017年9月，为加快构建国家公园体制，中共中央办公厅、国务院办公厅印发《建立国家公园体制总体方案》，以促进人与自然和谐共生，推进美丽中国建设。2019年6月，为加快建立以国家公园为主体的自然保护地体系，中共中央办公厅、国务院办公厅印发《关于建立以国家公园为主体的自然保护地体系的指导意见》，以提供高质量生态产品，推进美丽中国建设。2020年12月，为进一步规定国家公园准入条件、认定指标、调查评价等内容，国家林业和草原局制定并实施《国家公园设立规范》（GB/T 39737-2020），以此正式推出符合中国国情、与国际接轨、操作性强的国家公园评价文件，可作为我国设立国家公园的重要依据。

由此可见，区别于传统自然保护区，国家公园具有全球价值和国家象征，保护强度大、保护范围广，是我国生态文明建设的重要内容。2021年1月，国家公园首批公布，也是截至目前的第一批，包括三江源国家公园、大熊猫国家公园、东北虎豹国家公园、海南热带雨林国家公园、武夷山国家公园等5个，涉及青海、西藏、四川、陕西、甘肃、吉林、黑龙江、海南、福建、江西等10个省区，均处于我国生态安全战略格局的关键区域，保护面积达23万平方千米，涵盖近30%的陆域国家重点保护野生动植物种类，目前正在建设中。

表3-1 中国国家公园名单

序号	名称	保护对象	试点区建设范围
1	三江源国家公园	生态整体系统修复	包括长江源、黄河源、澜沧江源3个园区，总面积为12.31万平方千米，占三江源面积的31.16%。
2	大熊猫国家公园	大熊猫为核心的生物多样性	由四川省岷山片区、四川省邛崃山—大相岭片区、陕西省秦岭片区、甘肃省白水江片区组成，规划面积为27134平方千米。
3	东北虎豹国家公园	东北虎、豹、原麝、梅花鹿等	地处中国吉林、黑龙江两省交界的老爷岭南部区域，东起吉林省珲春林业局青龙台林场，与俄罗斯滨海边疆区接壤，西至吉林省大兴沟林业局岭东林场，南自吉林省珲春林业局敬信林场，北到黑龙江省东京城林业局三道林场，总面积为140.65万公顷。
4	海南热带雨林国家公园	热带雨林资源	东起海南省万宁市南桥镇，西至东方市板桥镇，南至保亭黎族苗族自治县毛感乡，北至白沙黎族自治县青松乡，规划总面积4400余平方千米。
5	武夷山国家公园	生物多样性	横跨江西、福建两省，南至建阳区黄坑镇，西至光泽县崇仁乡，东至武夷山市武夷街道，保护面积1280平方千米。

首批国家公园设立两年多来，珍稀物种种群数量得到恢复，生物多样性稳定增加，生态功能持续向好。其中，三江源国家公园投入近70亿元，藏羚羊种群恢复到7万多只，雪豹监测评估超过1200只。大熊猫国家公园跨四川、陕西和甘肃三省，保护面积为2.2万平方千米，保护了全国70%以上的野生大熊猫。野生虎豹在东北虎豹国家公园定居、繁衍、扩散，东北虎种群数量已恢复到50只以上，东北豹超过60只。海南热带雨林国家公园开展人工林近自然化改造，海南长臂猿种群数量恢复至6群37只。武夷山国家公园强化自然资源统一管控，新发现雨神角

蟾等29个新物种。

(二)国家文化公园

国家文化公园(National Cultural Park)为我国首创,是国家推进实施的重大文化工程,由国民高度认同、能够代表国家形象和中华民族独特精神标识、独一无二的文物和文化资源构成,主要功能是保护、传承、利用文化资源和文化精神,兼具旅游休闲、科研实践、爱国教育、文化教育等作用。党的二十大报告提出,"加大文物和文化遗产保护力度,加强城乡建设中历史文化保护传承,建好用好国家文化公园"。

2019年12月,中共中央印发《长城、大运河、长征国家文化公园建设方案》,明确第一批启动建设的国家文化公园;2020年,中央提出建设黄河国家文化公园;2022年初,国家文化公园建设工作领导小组印发通知,启动长江国家文化公园建设。截至目前,全国共有长城、大运河、长征、黄河、长江5个国家文化公园建设。国家文化公园建设在甘肃、河南、河北、重庆、四川、湖北等地陆续展开,各地纷纷建立工作机制、出台建设方案、落地具体项目。

我国国家文化公园作为国家公园体系的重要组成部分,承载着珍贵的文物和文化资源,但我国对国家公园的探索目前还处于初级阶段,尚未形成明确具体的建设标准[①],因此国家文化公园也可参考国家公园做法。中央已出台《建立国家公园体制总体方案》等相关建设方案和指导意见,国家林业和草原局先后发布《国家公园设立规范》《国家公园总体规划技术规范》《国

---

① 邹统钎.国家文化公园管理总论[M].北京:中国旅游出版社,2021.

家公园监测规范》《国家公园考核评价规范》《自然保护地勘界立标规范》5项国家标准,为国家公园建设提供了技术指南和依据。

(三)国家考古遗址公园

根据《国家考古遗址公园管理办法》,国家考古遗址公园(National Archaeological Site Park)指"以重要考古遗址及其背景环境为主体,具有科研、教育、游憩等功能,在考古遗址保护和展示方面具有全国性示范意义的特定公共空间"。由国家文物局负责评定管理工作,先经国家文物局批准立项,当公园符合若干条件且已初具规模后再开展评定工作。评定合格者由国家文物局授予"国家考古遗址公园"称号,并向社会公布。国家考古遗址公园已于2010年、2013年、2017年、2022年先后开展4批评定工作,共建成55家、立项80家。

表3-2 第一批国家考古遗址公园名单(2010年)

序号	地区	名称
1	北京	圆明园国家考古遗址公园
2	北京	周口店国家考古遗址公园
3	吉林	集安高句丽国家考古遗址公园
4	江苏	鸿山国家考古遗址公园
5	浙江	良渚国家考古遗址公园
6	河南	殷墟国家考古遗址公园
7	河南	隋唐洛阳城国家考古遗址公园
8	四川	三星堆国家考古遗址公园
9	四川	金沙国家考古遗址公园
10	陕西	阳陵国家考古遗址公园
11	陕西	秦始皇陵国家考古遗址公园
12	陕西	大明宫国家考古遗址公园

表3-3 第一批国家考古遗址公园立项名单（2010年）

序号	地区	名称
1	山西	晋阳古城考古遗址公园
2	辽宁	牛河梁考古遗址公园
3	吉林	渤海中京考古遗址公园
4	江苏	扬州城考古遗址公园
5	江西	御窑厂考古遗址公园
6	山东	南旺枢纽考古遗址公园
7	山东	曲阜鲁国故城考古遗址公园
8	山东	大汶口考古遗址公园
9	河南	汉魏洛阳故城考古遗址公园
10	河南	郑州商城考古遗址公园
11	河南	三杨庄考古遗址公园
12	湖北	楚纪南城（含八岭山、熊家冢）考古遗址公园
13	湖南	长沙铜官窑考古遗址公园
14	湖南	里耶古城考古遗址公园
15	湖南	老司城考古遗址公园
16	广西	靖江王府及王陵考古遗址公园
17	广西	甑皮岩考古遗址公园
18	贵州	可乐考古遗址公园
19	陕西	汉长安城考古遗址公园
20	陕西	秦咸阳城考古遗址公园
21	甘肃	锁阳城考古遗址公园
22	新疆	北庭故城考古遗址公园
23	重庆	钓鱼城考古遗址公园

表3-4 第二批国家考古遗址公园名单（2013年）

序号	地区	名称
1	辽宁	牛河梁国家考古遗址公园
2	吉林	渤海中京国家考古遗址公园
3	黑龙江	渤海上京国家考古遗址公园
4	江西	御窑厂国家考古遗址公园
5	山东	曲阜鲁国故城国家考古遗址公园
6	山东	大运河南旺枢纽国家考古遗址公园
7	河南	汉魏洛阳故城国家考古遗址公园
8	湖北	熊家冢国家考古遗址公园
9	湖南	长沙铜官窑国家考古遗址公园
10	广西	甑皮岩国家考古遗址公园
11	重庆	钓鱼城国家考古遗址公园
12	新疆	北庭故城国家考古遗址公园

表3-5 第二批国家考古遗址公园立项名单（2013年）

序号	地区	名称
1	河北	元中都考古遗址公园
2	河北	泥河湾考古遗址公园
3	河北	赵王城考古遗址公园
4	山西	蒲津渡与蒲州故城考古遗址公园
5	内蒙古	辽上京考古遗址公园
6	内蒙古	萨拉乌苏考古遗址公园
7	辽宁	金牛山考古遗址公园
8	吉林	罗通山城考古遗址公园
9	黑龙江	金上京考古遗址公园
10	江苏	阖闾城考古遗址公园
11	安徽	凌家滩考古遗址公园

续表

序号	地区	名称
12	安徽	明中都皇故城考古遗址公园
13	福建	城村汉城考古遗址公园
14	福建	万寿岩考古遗址公园
15	江西	吉州窑考古遗址公园
16	山东	临淄齐国故城考古遗址公园
17	山东	城子崖考古遗址公园
18	河南	郑韩故城考古遗址公园
19	河南	偃师商城考古遗址公园
20	河南	城阳城址考古遗址公园
21	湖北	铜绿山考古遗址公园
22	湖北	龙湾考古遗址公园
23	湖北	盘龙城考古遗址公园
24	湖南	炭河里考古遗址公园
25	湖南	城头山考古遗址公园
26	云南	太和城考古遗址公园
27	陕西	统万城考古遗址公园
28	陕西	龙岗寺考古遗址公园
29	甘肃	大地湾考古遗址公园
30	宁夏	西夏陵考古遗址公园
31	青海	喇家考古遗址公园

表3-6 第三批国家考古遗址公园名单（2017年）

序号	地区	名称
1	河北	元中都国家考古遗址公园
2	浙江	大窑龙泉窑国家考古遗址公园
3	浙江	上林湖越窑国家考古遗址公园

续表

序号	地区	名称
4	安徽	明中都皇故城国家考古遗址公园
5	福建	万寿岩国家考古遗址公园
6	山东	城子崖国家考古遗址公园
7	江西	吉州窑国家考古遗址公园
8	河南	郑韩故城国家考古遗址公园
9	湖北	盘龙城国家考古遗址公园
10	湖南	城头山国家考古遗址公园
11	陕西	汉长安城未央宫国家考古遗址公园
12	宁夏	西夏陵国家考古遗址公园

表3-7 第三批国家考古遗址公园立项名单（2017年）

序号	地区	名称
1	河北	中山古城考古遗址公园
2	河北	邺城考古遗址公园
3	山西	陶寺考古遗址公园
4	内蒙古	和林格尔土城子考古遗址公园
5	吉林	磨盘村山城考古遗址公园
6	江苏	龙虬庄考古遗址公园
7	浙江	马家浜考古遗址公园
8	浙江	安吉古城和龙山越国贵族墓群考古遗址公园
9	安徽	寿春城考古遗址公园
10	安徽	蚌埠双墩考古遗址公园
11	安徽	禹会村考古遗址公园
12	江西	吴城考古遗址公园
13	江西	汉代海昏侯国考古遗址公园
14	山东	两城镇考古遗址公园

续表

序号	地区	名称
15	河南	仰韶村考古遗址公园
16	河南	二里头考古遗址公园
17	河南	贾湖考古遗址公园
18	河南	庙底沟考古遗址公园
19	河南	大河村考古遗址公园
20	湖北	屈家岭考古遗址公园
21	湖北	石家河考古遗址公园
22	湖北	苏家垄墓群考古遗址公园
23	广东	笔架山潮州窑考古遗址公园
24	广东	方济各沙勿略墓园及大洲湾考古遗址公园
25	广西	合浦汉墓群与汉城考古遗址公园
26	四川	邛窑考古遗址公园
27	陕西	乾陵考古遗址公园
28	陕西	阿房宫考古遗址公园
29	陕西	周原考古遗址公园
30	陕西	杜陵考古遗址公园
31	陕西	石峁考古遗址公园
32	新疆	苏巴什佛寺考古遗址公园

表3-8 第四批国家考古遗址公园名单（2022年）

序号	地区	名称
1	河北	泥河湾国家考古遗址公园
2	河北	赵王城国家考古遗址公园
3	河北	邺城国家考古遗址公园
4	内蒙古	辽上京国家考古遗址公园
5	浙江	安吉古城国家考古遗址公园

续表

序号	地区	名称
6	安徽	凌家滩国家考古遗址公园
7	福建	城村汉城国家考古遗址公园
8	江西	汉代海昏侯国国家考古遗址公园
9	河南	仰韶村国家考古遗址公园
10	河南	二里头国家考古遗址公园
11	河南	郑州商城国家考古遗址公园
12	湖北	屈家岭国家考古遗址公园
13	湖北	龙湾国家考古遗址公园
14	湖南	炭河里国家考古遗址公园
15	广西	靖江王府及王陵国家考古遗址公园
16	四川	邛窑国家考古遗址公园
17	陕西	石峁国家考古遗址公园
18	陕西	统万城国家考古遗址公园
19	陕西	乾陵国家考古遗址公园

表3-9　第四批国家考古遗址公园立项名单（2022年）

序号	地区	名称
1	北京	琉璃河考古遗址公园
2	河北	燕下都考古遗址公园
3	河北	定窑考古遗址公园
4	吉林	长白山神庙考古遗址公园
5	江苏	草鞋山考古遗址公园
6	浙江	上山考古遗址公园
7	浙江	河姆渡考古遗址公园
8	浙江	宋六陵考古遗址公园
9	安徽	繁昌窑考古遗址公园

续表

序号	地区	名称
10	福建	南山考古遗址公园
11	福建	苦寨坑窑考古遗址公园
12	福建	德化窑考古遗址公园
13	江西	铜岭铜矿考古遗址公园
14	河南	平粮台古城考古遗址公园
15	河南	虢国墓地考古遗址公园
16	河南	清凉寺汝官窑考古遗址公园
17	河南	宋陵考古遗址公园
18	湖北	明楚王墓考古遗址公园
19	湖北	学堂梁子考古遗址公园
20	湖北	擂鼓墩考古遗址公园
21	湖南	汉长沙国王陵考古遗址公园
22	广东	青塘考古遗址公园
23	四川	罗家坝考古遗址公园
24	四川	宝墩古城考古遗址公园
25	四川	城坝考古遗址公园
26	云南	石寨山考古遗址公园
27	陕西	秦雍城考古遗址公园
28	陕西	桥陵考古遗址公园
29	甘肃	大堡子山考古遗址公园
30	青海	热水墓群考古遗址公园
31	宁夏	水洞沟考古遗址公园
32	新疆	七个星佛寺考古遗址公园

以川渝地区为例，入选"国家考古遗址公园"名单的有四川三星堆国家考古遗址公园、金沙国家考古遗址公园、重庆钓鱼城国家考古遗址公园、四川邛窑国家考古遗址公园共计4个，入选"国家考古遗址公园"立项名单有四川邛窑考古遗址公园、四川罗家坝考古遗址公园、四川宝墩古城考古遗址公园、四川城坝考古遗址公园、重庆钓鱼城考古遗址公园共计5个。关于中国石窟寺建设方面，甘肃敦煌莫高窟、山西大同云冈石窟、河南洛阳龙门石窟、甘肃天水麦积山石窟、重庆大足石刻、甘肃瓜州榆林窟、河北邯郸响堂山石窟、甘肃永靖炳灵寺石窟等中国八大石窟都尚未立项建设。

（四）国家遗址公园

该概念同"国家文化遗产线路"在《国务院办公厅关于加强石窟寺保护利用工作的指导意见》（国办发〔2020〕41号）和《"十四五"文物保护和科技创新规划》（国办发〔2021〕43号）中首次提出，即"整合河西走廊、川渝的石窟寺资源建设国家文化遗产线路、国家遗址公园"。

从字义上称"国家遗址公园"的有西安大明宫国家遗址公园、隋唐洛阳城国家遗址公园。其中，西安大明宫国家遗址公园的建设，始于2008年8月3日在西安召开的"唐大明宫国家大遗址保护展示示范园区暨遗址公园总体规划专家论证会"，会议通过了《唐大明宫国家大遗址保护展示示范园区暨遗址公园总体规划》，标志着唐大明宫国家遗址公园总体规划方案正式确定，直至2010年10月1日，大明宫国家遗址公园建成开放。隋唐洛阳城国家遗址公园的建设，是洛阳市探索大遗址保护新形态打造的国家遗址公园版本，目的是改善当地群众生产生活条件、盘活存量资源资产、拉动文旅文创产业发展。

二、川渝石窟寺国家遗址公园建设特征分析

综合分析以上几种国字号公园的情况，具体来看，川渝石窟寺国家遗址公园有以下特征：

（一）区域特征

川渝地区拥有十分丰富的石窟寺资源，主要分布在四川、重庆50余个区县，超过500个乡镇，是我国石窟寺遗产的重要组成部分，也是中晚期石窟发展的集大成者，具有重要的历史、艺术、科学及社会文化价值。无论从行政区划来看，还是从历史发展和地理环境而言，川渝石窟寺都是一个不可分割的有机整体。如，古代四川的行政区划就包括了1997年直辖的重庆。川渝石窟是以成都平原为中心，石窟造像向周围山区呈圈状展开，由北向南渐次发展。川渝石窟所处的石质为四川常见的红砂石，易于雕刻，但容易风化，且数量众多、比较分散。将川渝石窟作为整体更有利于石窟的保护和管理，如果分开来讲，那么石窟艺术发展脉络就不太清晰了。所以，"川渝"两字，正是对川渝石窟寺国家遗址公园建设的地理空间范围进行整体性界定和整体性文物维护修缮考虑，代指所有分布广、数量多、单点规模不大的川渝地区石窟寺资源。

川渝大地上石窟数量之多，令人难以想象。在7批已公布的全国重点文物保护单位中，全国共有石窟及石刻类文物268处，川渝地区即有39处，是全国重点文物保护单位最多的地区。

（二）文化特征

石窟艺术源于印度，兴于中国，是中外文明互鉴交流融合的文化见证。我国石窟的开凿兴于魏晋，盛于隋唐，可分为中原北方石窟、南方石窟、新疆石窟及西藏石窟。中国四大石窟[①]都属于中原北方石窟。川渝地区偏安一隅,自古以来就被称为"天府之国",文化传统也得到了持久的传承,是我国继中原北方地区之后的另一个石窟艺术发达区域。以川渝石窟为代表的南方石窟建造上溯南北朝,下延民国初年,主要开凿于唐宋时期,数量众多、分布广泛、内容丰富、技艺精湛,历史脉络清晰,自成体系,如今在全国整个石窟造像群中占据显著地位,堪称当之无愧的国之宝藏。"石窟寺"正是川渝石窟寺国家遗址公园文化符号的核心本源。

(三)"考古"特征

国家《"十四五"文物保护和科技创新规划》中提到,"开展莫高窟、云冈石窟、龙门石窟、麦积山石窟、大足石刻、克孜尔石窟、柏孜克里克石窟等重要石窟寺保护示范,开展川渝、河西走廊、陇东陇南、陕北、新疆、西藏等中小石窟寺抢救性保护、安全防护设施建设,加强价值研究和展示传播,整合川渝、河西走廊石窟寺资源,建设国家文化遗产线路和国家遗址公园"。文件中多次提到"保护""防护"等关键词,这正是"遗址"两字所体现的含义,即在某一区域承担重要遗址的保护、研究和展示功能,与国家考古遗址公园相似。

(四)公园特征

"公园"主要分为城市公园和自然公园(国家公园)两大类,一般指城市公园,是一个开放性空间。川渝石窟寺国家遗址公园,是在某一行政区域具有城市公园的特征,也在跨行政区域

---

① 中国四大石窟指:敦煌莫高窟、云冈石窟、龙门石窟、麦积山石窟。

链接川渝两地石窟寺资源中具有国家公园的特征,是跨区域实施公园式活态管理机制、体现受众群体的均等性等,功能与国家文化公园、国家公园相似。

此外,在《"十四五"石窟寺保护利用专项规划》中,对石窟寺遗址公园、国家文化遗产线路建设明确了相关建设内容,即"结合国家乡村振兴战略,串联线性石窟寺文物资源,稳步推进川渝石窟寺遗址公园、河西走廊国家文化遗产线路建设"。综上进一步体现出,建设川渝石窟寺国家遗址公园,不仅是国家重要文物保护项目,也是国家重大工程建设项目,需要做到石窟寺(石刻)保护利用与国家乡村振兴战略的有效衔接、创新性实践,实现文化保护、文旅发展与乡村振兴的深度融合。

第三节 芳华家园建设要素
——川渝石窟寺国家遗址公园建设的指标分析

结合《国家考古遗址公园评定细则》(文物考发〔2022〕7号)和《国家公园考核评价规范》(GB/T 39739-2020),可进一步研究构建川渝石窟寺国家遗址公园建设的指标体系。

一、国家考古遗址公园:年度考核指标及评分办法

《国家考古遗址公园评定细则》共计800分,其中必要指标分值700分,附加指标分值100分。必要指标各大项指标分值分别为:资源条件150分,考古、保护与研究200分,阐释与展示200分,管理与运营150分。附加指标各项分值分别为资源条件25分,考古、保护与研究25分,阐释与展示25分,管理与运营25分。评定"国家考古遗址公园"的条件须同时满足三个:一

是要求必要指标得分为600分以上;二是单项得分不低于总分值的80%;三是附加指标总得分50分以上。主要指标情况具体见表3-10(详见附录一)。

表3-10　国家考古遗址公园年度考核指标及评分

一级指标	二级指标
资源条件 (175分)	①遗址价值(40分) ②公园规模与范围(30分) ③区位条件(40分) ④基础条件(40分);其中:资金支持(10分)、土地权属(5分) ⑤环境条件(附加指标,25分)
考古、研究与保护 (225分)	①考古工作(30分) ②文物保护规划实施(20分) ③遗址本体保护(40分) ④遗址环境保护(30分) ⑤日常维护与监测(30分) ⑥风险防范(20分) ⑦研究与成果转化(30分) ⑧研究设施及条件(附加指标,25分)
展示与阐释 (225分)	①公园规划实施(20分) ②展示设施建设(60分) ③遗址现场展示(80分) ④公众参与(40分);其中:文化活动、教育活动、社区活动各10分 ⑤延伸展示(附加指标,25分)
管理与运营 (175分)	①设施与服务(80分);其中:公共安全(20分) ②公园开放效果(20分) ③公园管理机构与人员(20分) ④公园管理制度体系(30分) ⑤宣传推广(附加指标,25分)

二、国家公园：年度考核指标及评分办法

《国家公园考核评价规范》涉及的年度考核评价内容，主要包括建设管理任务完成情况（0—100分）、保护管理成效（0—100分）、公共服务（0—100分）和负面清单（-50—0分）4个部分。其中，建设管理任务包括保护、科研、监测、宣传、投入保障。保护管理成效包括供给服务、调节服务、文化服务。公共服务包括游憩体验、自然教育、社区参与。负面清单包括资源破坏、环境污染、违法建设、超量超载、意外伤害等减分项。主要指标情况见表3-11所示（详见附录二）。

表3-11 国家公园年度考核指标及评分

一级指标	二级指标
建设管理任务 （权重占比50%）	①保护（32分）；②科研（20分）； ③监测（20分）；④宣传（18分）； ⑤投入保障（10分）
保护管理成效 （权重占比25%）	①供给服务（14分）；②调节服务（70分）； ③文化服务（16分）
公共服务 （权重占比25%）	①游憩体验（30分）；②自然教育（30分）； ③社区参与（40分）
负面清单 （在最终评分上扣除， 总计-50分）	①资源破坏（-10分）；②环境污染（-10分）； ③违法建设（-10分）；④超量超载（-10分）； ⑤意外伤害（-10分）

三、两种考核指标的比较分析

通过对比国家公园与国家考古遗址公园的考核指标体系，发现两者存在一些类似的指标，这些类似指标也是川渝石窟寺国家遗址公园建设的基本内容，具体如表3-12所示。

表3-12 国家公园与国家考古遗址公园考核指标的比较

	类似指标		差异指标	
	国家考古遗址公园	国家公园	国家考古遗址公园	国家公园
建设管理	文物保护、遗址环境保护、研究与成果转化、日常维护与监测、宣传推广、资金支持	保护、科研、监测、宣传、投入保障	考古工作	——
保护管理	——	——	展示设施建设、遗址现场展示、设施与服务、公园管理制度体系	供给服务、调节服务、文化服务
公共服务	文化活动、教育活动、社区活动	游憩体验、自然教育、社区参与	——	——
其他指标	环境条件、土地权属、公共安全、风险防范	环境污染、违法建设、意外伤害	——	——

由于川渝石窟寺国家遗址公园既具有国家考古遗址公园的"考古特征",也具有国家公园的"公园特征",与两者概念高度相关,通过对《国家考古遗址公园评定细则》和《国家公园考核评价规范》涉及的评价指标进行比较分析,结合川渝石窟寺国家遗址公园建设工作,可进一步构建川渝石窟寺国家遗址公园建设的必要指标、基础指标和加分指标。具体如下:

(一)必要指标

川渝石窟寺国家遗址公园建设的必要指标,指国家考古遗址公园和国家文化公园的共性指标,具体包括保护(监测)、科研、宣传、投入保障、生态环境、安全、服务(游憩体验、自然教育、社区参与)等7个方面,权重占比超过70%。

1. 保护（监测）。指按照文物保护规划中相关规定逐步实施，包括管护巡护工作、生态保护和修复工程项目、各类灾害防控和治理工作等内容。包括构建"天地空"监测网络体系，监测设施配套情况，建立并完善日常监测和维护制度，定期收集、处理和分析公园内相关数据信息工作等内容。

2. 科研。指开展科研项目、科研活动、与相关科研院所高校开展合作交流、发表科研成果等内容。研究成果转化的及时性、准确性、科学性、适用性。

3. 宣传。指与公园及遗址相关的印刷品、电子出版物的制作和发行、文创产品等，包括出版有关书籍等资料，通过宣传栏、展览、公开宣传等公众直接参与的方式介绍公园情况，通过互联网、电视等媒体加强对公园的宣传和推广，提高公园的知名度。

4. 投入保障。具体包括财政拨付、项目合作、社会募集捐赠等资金筹措情况，各类管理、培训、宣教等项目资金的使用完成情况，公园的创建、管理、运营资金状况良好。

5. 生态环境。指周边空气、噪声、水体等环境质量达到国家相关标准要求，公共卫生条件良好，环境整洁优美，环境植被覆盖率、绿化率高，风貌协调，优美舒适。

6. 安全。指安全出口、疏散通道通畅，标志醒目；应急照明、救生设施设备完好，有应急医护人员和常备药品、医疗设备；危险地段标志明显，防护设施齐备、有效，特殊地段有专人看守，未发生安全事故、人身伤害等意外伤害事件。

7. 服务（游憩体验、自然教育、社区参与）。游憩体验指积极举办各种与文物内涵相关的文化活动，参与游览的年度访客人次,各类游憩设施的选址位置、空间布局、整体风貌与周边环境的协调程度,访客体验的满意度比例。自然教育指积极举办各种宣传教育科普活动次数及参与人数,自然教育设施的选址位置、空间布局、整体风貌与周边环境的协调程度。社区参与指积极开展丰富的社区活动,当地居民参与特许经营项目数量,社区居民参与公益管理岗位等共管共建工作情况。

(二)基础指标

川渝石窟寺国家遗址公园建设的基础指标,指国家考古遗址公园的个性指标,具体包括考古工作、展示设施建设、遗址现场展示、设施与服务、公园管理制度体系等5个方面,权重占比35%。

1. 考古工作。指有完备的考古工作计划,按照计划开展考古调查、发掘、资料整理、研究等工作,取得如发掘简报、发掘报告、资料汇编等系列成果。同时,能根据公园建设进度,及时调整考古工作计划,达到相互协调。

2. 展示设施建设。指建设博物馆、陈列馆、体验中心等规模适宜、布局合理、功能适用且与周边环境协调的馆舍,展陈内容全面、深入、丰富,展示传播技术具有先进性、创新性,展陈手段生动活泼、易于公众理解、可读可视性强,并进行设施日常维护、巡查,保持设施使用状态良好。

3. 遗址现场展示。指有展示策划、展示内容、展示方法、展示布局、展示流线、标识系统等。如,标识系统简洁、环保、设计美观、制作精美,与遗址风貌相协调,布局合理、位置明显突出,内容明确、用词准确、至少两种语言,展示流线具有良好的科学性、逻辑性、流畅性。

4. 设施与服务。指服务设施布局、导览设施及服务、交通设施及服务、休闲设施及服务、无障碍设施及服务等。如，导览设施及服务要求有语音导览等自助导览设备，有专门的工作人员提供信息咨询服务；有高素质、稳定的讲解员队伍使用两种及以上语言的讲解词，讲解兼顾专业性、科学性、生动性。休闲设施及服务要求游客公共休息设施、购物场所、餐饮场所布局合理，设计与周围景观环境相协调，旅游商品种类丰富，食品卫生符合相关餐饮服务标准等。

5. 公园管理制度体系。指有公共安全制度、人员培训制度、财务管理制度等。其中，人员培训制度要求培训机构、制度明确，人员、经费落实，业务培训全面，培训效果良好，上岗人员培训合格率达100%。财务管理制度要求公园创建、管理、运营等过程中，财务管理依法合规、制度健全，定期进行第三方财务审计、评价。

（三）加分指标

川渝石窟寺国家遗址公园建设的加分指标，指国家文化公园的个性指标，具体包括供给服务、调节服务、文化服务等3个方面，权重占比25%。

1. 供给服务。指在不超过生态环境承载力的前提下，从生态系统获得的一般产品供给和绿色产品供给。一般产品供给具体指在不超过环境承载力前提下，从生态系统获得的水资源、农产品、林产品、牧产品及渔业产品等的供给变化情况。绿色产品供给具体指在不超过生态环境承载力前提下，从生态系统获得的各类取得认证的有机产品、绿色食品等供给变化情况。

2. 调节服务。指水源涵养、土壤保持、碳固定、氧气提供、防风固沙、空气净化、水质净化、气候调节、洪水调蓄、物种保育等10个方面。其中，水源涵养具体指生态系统通过其结构和过程拦截滞蓄降水，增强土壤下渗，涵养土壤水分和补充地下水、调节河川流量，增加可利用水资源量的功能，以水源涵养量来表征。碳固定具体指自然生态系统吸收大气中二氧化碳合成有机质，将碳固定在植物或土壤中的功能，以二氧化碳固定量来表征。气候调节具体指生态系统对气温和湿度的调节能力，植被蒸腾作用和水面蒸发过程吸收的能量。

3. 文化服务。指品牌价值和生态文创两个方面。品牌价值具体指基于生态环境和自然文化资源打造的国家公园品牌的价值及由品牌影响力所提升资源的价值之和。生态文创价值具体指自然人文以及美学、景观及文化价值所衍生的文化艺术品的种类及数量。

综上分析，"必要指标"体现国家重大文化公园建设项目包括的内容，主要涉及7个方面；"基础指标"体现对石窟寺遗址的保护、研究和展示功能，主要涉及5个方面；"加分指标"体现的是公园具备的服务功能，主要涉及3个方面。这15个方面的指标，可直接看出川渝石窟寺国家遗址公园建设的主要内容，是对其建设路径、建设依据的一种"画像"。

第四节　芳华家园建设初瞰
——川渝石窟寺国家遗址公园建设的开展情况

文物承载灿烂文明，是老祖宗留给我们的宝贵遗产。近年来，为深入贯彻落实习近平总书记关于石窟寺保护利用工作的重要指示批示精神，全面落实《国务院办公厅关于加强石窟寺保护利用工作的指导意见》和国家文物局《"十四五"石窟寺保护利用专项规划》，川渝协同推动川渝石窟寺国家遗址公园建设，在法规制定、文物抢救、考古研究、旅游开发等方面采取了一系列措施，两地文物工作者像爱护生命一样呵护着石窟寺文化遗产。

一、政策制定方面：提供了有力制度保障

在2022年中国文化和自然遗产日，重庆市文物局和四川省文物局共同签订《川渝石窟寺国家遗址公园建设战略合作协议》，在编制建设规划、组建专家团队、加强学术研究、开展考古工作、健全人才队伍等11个方面共同推进，联合挖掘川渝石窟寺价值内涵，共同建设川渝石窟寺国家遗址公园，打造中国南方石窟寺保护利用高地。2021年4月和2023年1月，重庆市、四川省相继印发《重庆市加强石窟寺保护利用工作方案》（渝府办发〔2021〕33号）①和《四川省加强石窟寺保护利用工作实施方案》（川办发〔2023〕4号）②，提出加强石窟寺保护利用的工作目标、主要任务等，加快建设川渝石窟寺国家遗址公园。

川渝两地共同委托北京清华同衡规划设计研究院同步编制《川渝石窟寺国家遗址公园（重庆片区）总体规划》和《川渝石窟寺国家遗址公园（四川区域）总体规划》，加强成渝两地工作

---

① 文件提出重庆市文化旅游委牵头"整合文物、非物质文化遗产和自然资源，建设大足石刻文化公园，打造川渝石窟寺国家遗址公园"。
② 文件提出"建设川渝石窟寺国家遗址公园，实施一批具有引领性、示范性的石窟寺保护重点工程。到2025年川渝石窟寺国家遗址公园建设取得重大进展，到2035年川渝石窟寺国家遗址公园示范效应更加凸显"。

对接、政策衔接和功能链接，针对性明确公园的建设定位、建设目标、建设策略和总体布局，并一体化编制川渝石窟寺重大保护利用项目及基础设施、产业发展等领域专项规划，以规划引领川渝石窟寺国家遗址公园建设。四川省民政厅、农业农村厅、文化和旅游厅、省乡村振兴局、省文物局等8部门建立四川省石窟寺及石刻保护利用与乡村振兴衔接工作联席会议机制，印发《四川乡村石窟文化公园（景点、微景观）建设工作方案》，确定9处石窟寺作为四川乡村石窟文化公园（景点、微景观）建设试点，推动中小石窟寺保护利用融入乡村振兴战略和乡村公共服务体系建设，实现中小石窟有人管、有经费、有利用，该项工作属全国首创。

表3-13 首批四川乡村石窟文化公园（景点、微景观）建设试点名单

序号	建设类别	名称	年代	级别	地址
1	文化公园	卧龙山千佛岩摩崖造像	唐代	国家级	绵阳市梓潼县卧龙镇
2	文化景点	药师岩摩崖造像	唐代	省级	成都市大邑县新场镇
3	文化景点	点将台摩崖造像	唐代	省级	阿坝州茂县叠溪镇
4	文化景点	宝华山摩崖造像	明代	市级	乐山市马边县劳动镇
5	文化景点	灵芝岩—石门寺摩崖造像	唐代	省级	内江市东兴区高桥街道
6	文化微景观	两岔河摩崖造像	唐代	省级	眉山市仁寿县文宫镇
7	文化微景观	天马山摩崖道教造像	唐代	县级	广元市剑阁县演圣镇
8	文化微景观	鹦哥嘴摩崖石刻	清代	省级	甘孜州巴塘县夏邛镇
9	文化微景观	马鞍寨摩崖造像	明代	市级	达州市万源市黄钟镇

此外，重庆、四川还相继出台《重庆市大足石刻保护条例》《四川省三星堆遗址保护条例》《资阳市安岳石刻保护条例》《巴中市石窟保护条例》《乐山大佛世界文化和自然遗产保护条例》《安岳石窟保护利用总体规划》《阿坝藏族羌族自治州文物保护条例》《乐山大佛世界文化和自然遗产保护条例》《眉山市三苏遗址遗迹保护条例》等规划和地方性专项法规，将川渝石窟寺国家遗址公园建设纳入石窟寺展示利用重点任务，为石窟寺文物保护提供有力法治保障。

二、文物抢救方面：提升了保护利用水平

"十三五"以来，重庆市累计投入石窟寺保护专项资金6.23亿元，实施石窟寺保护重点项目136个。其中，投入大足石刻保护专项资金1.45亿元，实施宝顶山卧佛小佛湾摩崖造像保护修缮工程、宝顶山大佛湾水害治理工程、北山168窟保护工程等重点项目32个。启动实施大足中小石窟三年滚动保护计划，将68处中小型石窟的保护利用与乡村文化振兴、道路建设、石窟寺环境整治、保护利用基础设施建设、文物病害治理等整体规划相结合，建设小型乡村遗址公园，助力乡村振兴。支持大足石刻研究院建设南方潮湿环境石质文物保护重点实验室，申报潮湿环境石窟寺水害治理技术国家文物局重点科研基地。大足石刻研究院与意大利威尼托遗产集群、日本奈良文化财研究所等国际文物科研机构持续开展合作，与浙江大学、复旦大学、四川大学、重庆大学等高校合作推动科教融合发展。

四川针对乐山大佛、安岳石窟、广元石窟、巴中石窟、蒲江石窟、荣县大佛、梓潼千佛岩、夹江千佛岩、泸县玉蟾山、南部禹迹山等石窟寺，大力实施一批具有引领性、示范性的石窟寺保护重点工程。其中，推动乐山大佛、安岳石窟等创建石窟寺类文物保护利用示范区。结合"雪亮工程"等建设四川石窟寺安全防护综合控制平台，推动四川省1512处中小石窟寺安装安防视频监控，织密中小石窟寺安全防护网，逐步实现中小石窟有人管、有经费、有利用，逐步探索建立起中小石窟寺保护利用新模式。针对中小石窟寺众多的特点，将石窟寺保护利用与乡村振兴相结合，推进建设乡村石窟寺文化公园。

三、考古研究方面：增强了价值阐释水准

川渝不断增强文博队伍力量。2018年重组四川省文物局，核定行政编制29名，四川省委编办印发《关于加强全省文物保护和考古工作机构编制保障的实施方案》，四川省文物考古研究院加挂三星堆研究院和四川石窟寺保护研究院牌子，核增事业编制102名。四川全省21个市（州）及绝大部分文物资源丰富的县（市、区）文化和旅游部门加挂文物局牌子，文博机构达407家，从业人员增至5500余人。重庆印发《大足石刻研究院高层次人才引进管理办法》《大足石刻研究院人才发展三年规划（2021—2023）》等政策，2019年大足石刻保护管理机构——大足石刻研究院升格为重庆市文化和旅游发展委员会直属、委托大足区管理的副厅级事业单位，内设正处级机构18个，定编165名（新增编制35名）；市管副厅级干部职数2名，市管正处级干部职数5名，其余正处级干部职数18名、副处级干部职数20名，壮大大足石刻保护机构队伍。

川渝不断提升石窟寺考古研究与价值阐释水平。四川省文物局、重庆市文物局、中国文化遗产研究院联合建立川渝石窟保护研究中心、川渝石窟保护研究联合实验室和科技创新基地。

大足石刻研究院与乐山大佛石窟研究院、安岳石窟研究院签署共建石窟寺保护利用机制合作协议，共同申报创建国家文化和科技融合示范基地，共同提升石窟保护利用水平。四川在三星堆遗址考古发掘中创造性、创新性地采用了田野考古与实验室考古相结合、精准发掘和科学保护相结合的新模式，协调中国社会科学院考古研究所、北京大学等40家国内科研机构和高校参与，建立了传统考古、实验室考古、科技考古、文物保护深度融合的工作模式，实现了考古发掘、系统科学研究与现场及时有效保护相结合。四川先后成立和挂牌"考古发掘现场文物保护国家文物局重点科研基地四川工作站""中国—希腊文物保护技术'一带一路'联合实验室三星堆工作站""三星堆研究中心"等部门，完成石窟寺考古调查约400处，发表考古调查简报150余篇，出版石窟寺内容总录6部、石窟寺考古调查报告7部，重点开展了"四川石窟造像题材和风格""四川石窟造像分期""四川石窟造像艺术特征"等专题研究。重庆方面，推进国家社科基金重点项目《重庆地区石窟寺及石刻铭文史料抢救性收集与整理研究》，形成一批有影响力的科研成果。大足石刻研究院先后发表石窟寺考古调查简报100余篇，出版石窟寺内容总录6部、石窟寺考古调查报告7部，出版专著、图录等50余部（本），创办了大足学学术刊物《大足学刊》。通过建立"大足学"学科体系，在四川美术学院建立了大足学研究院，在南京师范大学、浙江大学成立了"大足学研究中心"，开展大足石刻基础研究及学术交流，使大足石刻蕴含的儒、释、道三教文化从冰冷的崖壁见诸笔端，与世人见面。历时16年，完成国家"十二五"重点图书出版工程《大足石刻全集》（11卷19册）考古报告的编撰出版，使其成为我国石窟考古学研究领域一项重大的标志性科研成果,填补了我国大型石窟寺编写和出版系列考古报告的空白。成功举办首届石窟寺保护国际论坛,持续开展大足石刻"四百工程"①等,推动石窟寺保护、研究、利用国际合作。

四、旅游开发方面：促进了文旅有机融合

川渝联合印发《资大文旅融合发展示范区总体方案》,四川省资阳市和重庆市大足区依托丰富的石刻资源,聚焦文化遗产联合保护、文旅消费升级等开展合作,实行游客互认、门票互惠、宣传互动,联动推出石窟旅游线路,共塑"资足常乐"文旅品牌。川渝两地成立巴蜀石窟文化旅游走廊联盟,推动川渝石窟共同保护、联片开发、合作双赢,积极打造乐山大佛等石窟寺精品旅游线路和大石刻文化旅游品牌。成功举办2022年中国文化和自然遗产日川渝地区主场城市活动。建成投用大足石刻游客中心（大足石刻数字展示中心）,4K宽银幕电影《天下大足》和8K球幕电影《大足石刻》正式上映。打造石窟寺主题研学线路和精品旅游线路,推出一批体现川渝特色的石窟寺文物外展精品,持续提升川渝石窟的国际知名度、美誉度和影响力。先后在西南民族大学、金沙遗址博物馆、资阳市博物馆等处举办多场展览,倡导成立了巴蜀石窟文化旅游走廊联盟,签署"大足—安岳文物保护利用专家智库建设战略合作协议",资阳与大足联合成立"资大文旅融合发展示范区建设"。推出包括川渝石窟寺景区在内的"川渝百万市民免费互游百景区""川渝市民半价游""川渝一家亲—景区惠民游"等门票优惠和免票活动,推动成渝两地文旅资源共用、客源共享、市场共建。

---

① 所谓四百工程,即在全球举办大足石刻百场展览、百场讲座、百馆赠书、百集微视频展播活动,旨在进一步扩大大足石刻在世界上的影响力,提高其知名度和美誉度。

第四章 芳华家园的规划设计

——川渝石窟寺国家遗址公园建设的思路[①]

川渝石窟寺国家遗址公园是指依托川渝地区重要石窟寺、石窟寺集群及与其紧密相关的自然人文资源,集合形成的全要素与复合型保护展示体系,是全面保护和系统展示川渝石窟寺重要价值的抓手,集保护、科研、教育、游赏等功能和作用于一体,在石窟寺整体保护研究、资源整合利用、高水平展示阐释等方面具有全国示范效应。规划建设川渝石窟寺国家遗址公园,需基于川渝石窟寺的价值特色、资源禀赋、工作基础等,在川渝整体谋划的基础上,对川渝石窟寺国家遗址公园的空间布局、主要建设任务和重点项目做出总体安排,对各地统筹开展石窟寺保护利用管理工作具有指导作用。

第一节 川渝石窟寺国家遗址公园建设的总体思路

以习近平新时代中国特色社会主义思想为指导,深入学习贯彻党的十八大、十九大、二十大及历次中央全会精神,贯彻落实

[①] 本章部分内容参考了《川渝石窟寺国家遗址公园总体规划(重庆片区)》,在其基础上进行了优化完善。

习近平文化思想、习近平总书记关于石窟寺文物保护利用重要指示批示精神，按照中共中央办公厅、国务院办公厅《"十四五"文化发展规划》、国务院办公厅《"十四五"文物保护和科技创新规划》《关于加强石窟寺保护利用工作的指导意见》、国家文物局《"十四五"石窟寺保护利用专项规划》《中国石窟寺考古中长期计划（2021—2035年）》等重要文件要求，充分吸纳川渝相关文物保护规划，坚持"保护第一、加强管理、挖掘价值、有效利用、让文物活起来"的新时代文物工作方针，加强文化的保护传承，推动中华优秀传统文化的创造性转化、创新性发展，坚定文化自信，讲好中国故事，促进文明交流互鉴，增强中华文明传播力、影响力，承担起"举旗帜、聚民心、育新人、兴文化、展形象"的使命任务。

一、川渝石窟寺国家遗址公园的规划原则

深刻认识新时代川渝石窟寺保护利用工作的新情况、新特点、新要求，以全面加强石窟寺文物保护为前提，以协同助力区域重大战略为导向，以强化研究利用、拓展交流传播、促进文旅融合为引擎，更好地发挥川渝石窟寺在传承弘扬中华优秀传统文化中的独特作用，服务成渝地区双城经济圈建设和长江经济带建设，推动川渝石窟寺文物保护利用工作高质量发展。

（一）保护第一，重视文物安全

牢固树立保护历史文化遗产责任重大观念，筑牢文物安全底线，全面消除石窟寺重大险情，有效遏制文物病害，加强科技保护、预防性保护与主动保护，系统做好川渝石窟寺保护工作，探索符合川渝石窟寺特点的保护技术方法体系，健全川渝石窟寺文物安全长效机制。

（二）价值引领，突出文化特色

立足于展示中华文明灿烂成就、川渝文化对中华与世界文明的贡献，在全面理解川渝地区石窟寺价值和石窟寺独特故事的基础上，对川渝全域石窟寺及相关文化资源的文化内涵、历史底蕴进行总体梳理、总体打造和总体宣传，着力构建差异化、实用性的展示研究阐释格局。

（三）传承弘扬，有效展示利用

适应当代文化传承方式，采用多种形式传播石窟寺文化艺术价值，讲好石窟寺故事，传承弘扬中华优秀传统文化。正确处理石窟寺保护与城乡建设、文旅融合的关系，避免大拆大建，鼓励轻量化、存量更新建设，规范旅游开发经营活动，实现石窟寺资源有效利用。

（四）统筹布局，分类示范引领

健全石窟寺协同保护利用机制，依托石窟寺分布较密集、文保力量较多的地区布设区域中心，发挥示范引领作用，带动其他区域石窟寺保护管理。分类开展不同地域、不同规模、不同特征的石窟寺保护利用示范工程，因地制宜增强石窟寺保护利用的科学性与针对性。

（五）积极稳妥，探索改革创新

突出高站位、全局观，坚持保护优先、有序推进，参考国家公园、国家文化公园、国家考古遗址公园等建设经验，探索体制机制创新，建立部门协同、区域联动、政策法规完善的川渝石窟寺国家遗址公园工作体系，通过公园建设促进文物保护利用与文旅发展、国土空间规划与管控、区域生态环境保护等方面的协同并进。

二、川渝石窟寺国家遗址公园的建设定位

结合川渝两地实际和公园建设情况，梳理川渝石窟寺国家遗址公园建设目标，可以分为以下五个方面。

（一）石窟寺文物整体保护利用模式的创新示范

坚持保护第一，通过遗址公园建设，探索石窟寺文物点线面结合、整体保护利用的工作模式，探索石窟寺文物与关联的寺庙、遗址、墓葬、村落、古道、山水环境等要素整体呈现的方式，系统提升石窟寺遗产的保护基础工作、基础研究和价值阐释，为其他文物的保护利用模式创新积累经验。

（二）中小石窟保护利用与乡村振兴结合典范

充分利用文物资源与乡村结合紧密的特点，通过川渝石窟寺国家遗址公园建设，遴选与"乡村旅游重点村""中国传统村落"等结合较紧密的优质石窟寺文物，打造若干石窟寺文化景点、石窟寺微景观，促进乡村中小石窟的保护，并与乡村文旅产业发展、文化建设等相融合助力乡村振兴，顺势而为，相互促进，形成中小石窟保护利用与乡村振兴结合的典范。

（三）成渝地区双城经济圈建设的文化引擎

紧密结合川渝一体化建设布局，系统挖掘展示川渝石窟寺内在文化关联，以石窟寺为线索布局贯通环带，以文化联系、文化体验强化川渝一体，为巴蜀文化旅游走廊建设提供强力资源，为成渝地区双城经济圈相适配的"双城文化圈"的形成提供重要支持。

（四）中国南方石质文物保护科研高地

推动四川省文物局、重庆市文物局、大足石刻研究院、乐山大佛石窟研究院等川渝文物研究机构加强协作，共建川渝石

窟保护研究中心、川渝石窟保护利用科技创新基地、中国南方石质文物保护科研基地、国家文物局重点科研基地和国家重点实验室等，加快形成中国南方石质文物保护科研高地。

（五）西南地区唐宋文化艺术特色文旅品牌

以川渝石窟寺资源为核心，重点围绕唐宋文化艺术提炼文化主题，带动相关资源联合展示，使川渝石窟寺国家遗址公园成为西南地区唐宋文化艺术的特色文旅品牌，同时有力推动长江国家文化公园、长征国家文化公园、巴蜀文化旅游走廊建设。

三、川渝石窟寺国家遗址公园的总体思路

结合川渝石窟寺资源分布情况，统筹考虑川渝间文旅发展、交通线路、资源投入、示范带动等因素，建议整体形成"一环、六带、三极、多点"的总体布局。

"一环"，即沿石窟寺资源密集地重庆市大足区、江津区、主城核心区、合川区等连接至四川省广安市、南充市、巴中市、广元市、绵阳市、成都市、眉山市、乐山市、资阳市等，依托京昆高速、恩广高速、银昆高速、成渝高速、渝蓉高速、成渝中线高铁等交通线路，形成川渝石窟寺文旅大环线。

"六带"，即沿长江黄金水道、嘉陵江、沱江、岷江、米仓道—金牛道等古蜀道以及成渝古道形成六条石窟寺保护利用带、石窟寺资源密集带，与"一环"共同构成川渝石窟寺国家遗址公园的骨架。

"三极"，即围绕重庆大足—潼南—合川—四川资阳，四川乐山夹江—眉山青神—仁寿—丹棱—成都蒲江—邛崃—大邑，四川广元—巴中等石窟寺资源密集区域，形成三大引擎式"重点发展极"。

"多点",即围绕石窟寺资源密集点及周边自然文化资源,建设"核心园区""石窟寺文化景点""石窟寺微景观"等展示节点,形成川渝石窟寺国家遗址公园核心游览空间,塑造石窟寺文化旅游品牌,以"多点+六带+一环+三极"形成点线面结合的川渝石窟寺国家遗址公园空间结构。

第二节 川渝石窟寺国家遗址公园建设的科学布局

川渝石窟寺国家遗址公园由"一环、六带、三极、多点"空间布局与"核心园区""文化景点""微景观"[①]和石窟寺文物主题游径[②]建设布局构成点线面结合的基本空间结构。其中,"核心园区""石窟寺文化景点""石窟寺微景观"的建设须具有资源禀赋,具备一定的建设基础,具备开发潜力,能融入地方经济社会建设,且地方建设意愿强烈[③],没有权属争议问题[④]。同时,实行先创建再挂牌,通过实施分类建设、认定授牌、动态管理的机制,原则上核心园区建设期为2—3年,景点和微景观

---

① 借鉴四川乡村石窟文化公园(景点、微景观)试点建设经验。
② 根据国家文物局、文化和旅游部、国家发展改革委《关于开展中国文物主题游径建设工作的通知》(文物保发〔2023〕10号),文物主题游径分为中国文物主题游径、区域性文物主题游径和县域文物主题游径。此处石窟寺文物主题游径是以石窟寺为核心资源,以川渝石窟艺术为主题的文物主题游径,可分为区域性石窟寺文物主题游径和县域石窟寺文物主题游径。本章暂未详细探讨中国石窟寺文物主题游径。
③ 公园建设工作应得到地方政府、文物主管部门、研究保护机构、当地社区等利益相关者的认可,当地政府应制订切实可行的保障计划,能够为公园建设提供政策、资金等方面的支持。
④ 公园建设涉及的文物产权、土地权属清晰明确,不存在争议问题,在建设过程中能够保证社区和社会稳定。

建设期为1—2年，到期验收、授牌，成熟一个认定一个。

一、核心园区：发挥示范引领作用

（一）概念定义

石窟寺核心园区是川渝石窟寺国家遗址公园的核心构成，也是最具代表性的大型展示节点，以世界文化遗产或国家级文物保护单位中价值较高、分布较集中、规模较大者为主要构成对象，并且包含与之紧密关联的寺庙、遗址、墓葬、村落、古道、山水环境，以及展馆等石窟寺"全要素"区域，能够支持连续游览并提供优质的参观服务，能够发挥示范引领作用。

（二）建设布局

本书选取10个核心园区作为川渝石窟寺国家遗址公园展示的构成对象，其中四川、重庆各5个，以此为例进行探索。

表4-1 川渝石窟寺国家遗址公园核心景区一览表

序号	名称	涉及范围	主要对象
1	重庆大足石刻核心园区	重庆市大足区宝顶镇、龙岗街道、三驱镇、石马镇等	具体以宝顶山大佛湾摩崖造像、北山摩崖造像为核心，整合南山摩崖造像、石篆山摩崖造像、石门山摩崖造像、苏成岩摩崖造像、妙高山摩崖造像等石窟寺资源，以及大足石刻博物馆、小佛湾、大足石刻文创园等相关文化资源。
2	四川乐山大佛核心园区	四川省乐山市市中区	以乐山大佛为核心，整合东方佛都、半月山摩崖造像等石窟寺资源，以及峨眉山、乐山市博物馆等相关文化资源。
3	四川广元千佛崖摩崖造像—皇泽寺摩崖造像核心园区	四川省广元市利州区	以广元千佛崖摩崖造像、皇泽寺摩崖造像为核心，整合观音岩石窟等石窟寺资源，以及天曌山、广元千佛崖石刻艺术博物馆等相关文化资源。

续表

序号	名称	涉及范围	主要对象
4	四川资阳安岳石窟核心园区	四川省资阳市安岳县	以安岳石窟为核心，联结卧佛院、毗卢洞、千佛寨、圆觉洞、华严洞、茗山寺、孔雀洞、玄妙观、木门寺等石窟寺资源，以及秦九韶纪念馆、贾岛墓、奎星阁、文庙、汤公祠等相关文化资源。
5	四川巴中南龛摩崖造像—石门寺摩崖造像核心园区	四川省巴中市巴州区	以巴中南龛摩崖造像、石门寺摩崖造像为核心，整合北龛、西龛、东龛等石窟寺资源，以及七彩佛龛、山水化湖等相关文化资源。
6	重庆潼南大佛寺摩崖造像核心园区	重庆市潼南区大佛寺街道等	以大佛寺摩崖造像为核心，整合周边千佛寺摩崖造像、万佛岩摩崖造像，以及定明山—运河、陈抟故里—菜花景区等相关文化资源。
7	四川眉山牛角寨石窟—能仁寺摩崖造像—冒水村摩崖造像核心园区	四川省眉山市仁寿县	以牛角寨石窟、能仁寺摩崖造像、冒水村摩崖造像为核心，整合周边渣口岩、千佛寺、石院寺、两岔河等石窟寺资源，以及百里画廊、石佛寺、石门山、蒲山、仁寿博物馆等相关文化资源。
8	重庆合川涞滩二佛寺摩崖造像核心园区	重庆市合川区涞滩镇等	以涞滩二佛寺摩崖造像为核心，整合周边钓鱼城摩崖造像及题记等石窟寺资源，以及钓鱼城、三江交汇景观、涞滩古镇、古道、渡口等相关文化资源。
9	重庆南岸弹子石大佛核心园区	重庆市南岸区弹子石街道	以弹子石摩崖造像为核心，整合"两江四岸"内相关文化资源。
10	重庆江津石佛寺核心园区	重庆市江津区德感街道	以石佛寺摩崖造像为核心，整合周边宋、明墓葬和建筑遗址等相关文化资源。

（三）主要建设要求

石窟寺核心园区应以能够体现国家水准、形成示范引领、获得大众认可为目标，从规划编制、要素保护、考古研究等方面严格要求，高质量推动建设工作。

规划编制：根据川渝石窟寺国家遗址公园建设总体规划要求，编制核心园区建设相应规划，按照"一点一策"的方式深入谋划，进一步细化明确核心园区要素保护、考古研究、展示阐释、运营管理等具体工作，并明确建设步骤和时间。

要素保护：开展石窟寺本体保护及环境保护工程，做到本体无险情、突出病害得到有效控制、安全防护设施100%全覆盖、日常维护和巡查制度健全、形成重要石窟的数字化保护成果、历史环境要素得到良好保护、自然生态环境优美。

考古研究：制订详细的考古研究计划，有序开展石窟寺文物的考古和报告编制，完成周边相关遗址的勘探和重要遗址的发掘，摸清历史环境要素分布情况，以及针对石窟寺价值、艺术特征、典型病害及保护技术等方面进行专项研究。

展示阐释：结合石窟寺及相关要素分布情况，整体开展核心园区历史环境修复、景观塑造和展示阐释设施建设，形成优质、系统的"全要素"展示。配备专门阐释石窟寺历史信息的博物馆、展示馆、数字中心等，设置常态化的研学教育和交流传播等文化活动，让群众能近距离参观、全身心感受。

管理运管：由县处级以上管理机构实现统一管理运营，管理机构设置完善合理、各部门职能明确，所有石窟寺均完善"四有"工作，保护区规划与国土空间规划实现良好对接。

文旅融合：参照4A级及以上景区标准进行建设，提升游客服务质量，包括具备便捷的对外通达条件、合理的内部游线、完善的游客服务设施、统一的视觉识别系统、便捷的导览服务，以及配备导游讲解、安全应急服务、智慧化服务等。同时，结合当地特色产业，联动周边发展文旅新业态。

示范创新：结合核心园区建设，在石窟寺保护、研究、展示、利用等方面，以及机构建设、机制改革、品牌塑造和文化传播等方面有所创新，形成可借鉴、可推广的经验。

二、文化景点：成为单独旅游景区

（一）概念定义

石窟寺文化景点是川渝石窟寺国家遗址公园的中型展示节点，以国家级文物保护单位和省级文物保护单位中规模较大、保护利用基础较好者为主要构成对象，有一定开放展示和文旅发展潜力，可成为单独的文旅景区或融入周边文旅项目，形成"乡村石窟寺文化景点"和"城市石窟寺休闲公园"。

（二）建设布局

石窟寺文化景点建设对象的遴选，应根据石窟寺资源的价值、完整性、保护管理情况、可达性、周边资源聚集度、基础设施建设情况、地方经济条件等综合研判，首先选择部分未作为核心景区建设的国家级文物保护单位，重点选择省级文物保护单位。结合其条件成熟情况，分期分批推动创建。本书选取20个文化景点作为川渝石窟寺国家遗址公园展示的构成对象，其中四川、重庆各10个，以此为例进行探索。

表4-2 川渝石窟寺国家遗址公园石窟寺文化景点一览表

序号	名称	所在位置	类型
1	邛崃石窟	四川省成都市邛崃市	城市石窟寺休闲公园乡村石窟寺文化景点
2	玉蟾山摩崖造像	四川省泸州市泸县	城市石窟寺休闲公园
3	碧水寺摩崖造像	四川省绵阳市游仙区	城市石窟寺休闲公园
4	翔龙山摩崖造像	四川省内江市市中区	城市石窟寺休闲公园
5	大像山摩崖造像	四川省南充市阆中市	城市石窟寺休闲公园
6	宜宾流杯池石刻	四川省宜宾市翠屏区	城市石窟寺休闲公园
7	冲相寺摩崖造像	四川省广安市广安区	乡村石窟寺文化景点
8	吕仙崖摩崖造像	四川省自贡市荣县	乡村石窟寺文化景点
9	大旺寺摩崖造像	四川省德阳市中江县	乡村石窟寺文化景点
10	高升大佛摩崖造像	四川省资阳市安岳县	乡村石窟寺文化景点
11	白鹤梁题刻	重庆市涪陵区长江中	城市石窟寺休闲公园
12	瞿塘峡摩崖石刻	重庆市奉节县瞿塘峡口	乡村石窟寺文化景点
13	峰山寺摩崖造像	重庆市大足区中敖镇	乡村石窟寺文化景点
14	圣水寺摩崖造像	重庆市大足区高升镇	乡村石窟寺文化景点
15	普圣庙摩崖造像	重庆市大足区中敖镇	乡村石窟寺文化景点
16	陈家岩摩崖造像	重庆市大足区金山镇	乡村石窟寺文化景点
17	老君坡八滩岩摩崖石刻造像	重庆市南岸区南山街道	城市石窟寺休闲公园
18	罗汉寺古佛摩崖造像	重庆市渝中区朝天门街	城市石窟寺休闲公园
19	金紫山大佛摩崖造像	重庆市南岸区广阳镇	乡村石窟寺文化景点
20	北碚温泉寺石刻	重庆市北碚区北温泉街	乡村石窟寺文化景点

(三)主要建设要求

石窟寺文化景点建设应以满足周边村(社区)文化休闲活动需求、兼顾对外发展文化旅游为目标。具体来看,在保护管理方面，明确专门的保护管理机构，具备相应的保护性设施和安全防范设施。在考古研究方面，参照核心园区建设要求，有计划地做好价值研究挖掘、石窟寺及周边遗址考古。在展示阐释方面，尽量整合周边相关文化资源，适度植入公共服务、乡村文化、基层治理等功能，满足周边居民文化休闲需求。在基础设施方面，完善通达条件，建设配套服务设施，能够较好满足参观游览、研学实践等需求。在文旅融合方面，与周边生态农业、农业旅游、农产品消费等要素和项目加强联动，适度发展"核心IP+餐饮住宿+文创产品研产销"相融合的农文旅新业态，带动社区文化振兴、经济发展和居民就业等。

三、微型景观：融入乡土文化传承

（一）概念定义

石窟寺微景观是川渝石窟寺国家遗址公园中有一定观赏价值的小型节点，以省级文物保护单位及其之下的中小石窟为主要对象，具有保存相对较好、交通较便利，以及可服务周边村（社区）、融入乡土文化传承、融入周边文旅线路等特点，可形成"乡村石窟寺微景观"和"城市石窟寺小景"。

（二）建设布局

石窟寺微景观的选择，应综合考虑石窟寺保存状况、通达条件、与村（社区）互动关系等条件，首先选择部分未作为文化景点建设的省级文物保护单位，并结合乡村振兴帮扶村、乡村旅游重点村、历史文化名镇名村及中国传统村落等建设情况重点考虑。结合其条件成熟情况，分期分批推动创建。本书选取40个核心园区作为川渝石窟寺国家遗址公园展示的构成对象，其中四川、重庆各20个，以此为例进行研究。

表4-3 川渝石窟寺国家遗址公园石窟寺微景观一览表

序号	名称	位置	保护级别	类型
1	药师岩摩崖造像	四川省成都市大邑县	省级文物保护单位	乡村石窟寺微景观
2	大佛寺摩崖造像	四川省成都市蒲江县	省级文物保护单位	乡村石窟寺微景观
3	后龙山摩崖造像	四川省自贡市荣县	省级文物保护单位	乡村石窟寺微景观
4	紫霞峰摩崖造像及石刻	四川省泸州市叙永县	省级文物保护单位	乡村石窟寺微景观
5	玉女泉及子云亭道教造像	四川省绵阳市西郊西山	省级文物保护单位	乡村石窟寺微景观
6	佛子岩摩崖造像	四川省广元市旺苍县	省级文物保护单位	乡村石窟寺微景观
7	大埂子摩崖造像	四川省遂宁市大英县	省级文物保护单位	乡村石窟寺微景观
8	佛尔岩摩崖造像	四川省内江市威远县	省级文物保护单位	乡村石窟寺微景观
9	金像寺摩崖造像	四川省乐山市夹江县	省级文物保护单位	乡村石窟寺微景观
10	佛耳岩摩崖造像	四川省资阳市安岳县	省级文物保护单位	乡村石窟寺微景观
11	西禅寺摩崖造像	四川省资阳市安岳县	省级文物保护单位	乡村石窟寺微景观
12	龙鹄山松柏之铭碑及摩崖造像	四川省眉山市丹棱县	省级文物保护单位	乡村石窟寺微景观
13	丹霞洞摩崖造像及石刻	四川省宜宾市屏山县	省级文物保护单位	乡村石窟寺微景观
14	观音岩摩崖造像	四川省南充市南部县	省级文物保护单位	乡村石窟寺微景观

续表

序号	名称	位置	保护级别	类型
15	紫云坪植茗灵园记岩刻	四川省达州市万源市	省级文物保护单位	乡村石窟寺微景观
16	石佛寺	四川省雅安市荥经县	省级文物保护单位	乡村石窟寺微景观
17	龙门山石窟	四川省巴中市巴州区	省级文物保护单位	乡村石窟寺微景观
18	灵宝山石刻及古石桥	四川省广安市邻水县	省级文物保护单位	乡村石窟寺微景观
19	点将台摩崖造像	四川省阿坝州茂县	省级文物保护单位	乡村石窟寺微景观
20	照阿娜姆石刻	四川省甘孜州石渠县	省级文物保护单位	乡村石窟寺微景观
21	太白岩石刻群	重庆市万州区城区	市级文物保护单位	城市石窟寺微景观
22	佛图关石刻	重庆市渝中区两路口街道	市级文物保护单位	城市石窟寺微景观
23	播州界石刻	重庆市万盛经开区万东镇	市级文物保护单位	乡村石窟寺微景观
24	尖子山摩崖造像	重庆市大足区铁山镇	市级文物保护单位	乡村石窟寺微景观
25	大足千佛岩摩崖造像	重庆市大足区三驱镇	市级文物保护单位	乡村石窟寺微景观
26	兴隆庵摩崖造像	重庆市大足区三驱镇	区县级文物保护单位	乡村石窟寺微景观
27	朝源观道教造像	重庆市江津区四面山镇	市级文物保护单位	乡村石窟寺微景观

续表

序号	名称	位置	保护级别	类型
28	陈食佛崖寺摩崖造像	重庆市永川区陈食镇	市级文物保护单位	乡村石窟寺微景观
29	李绍隆题记	重庆市綦江区赶水镇	市级文物保护单位	乡村石窟寺微景观
30	五硐岩摩崖造像	重庆市潼南区新胜镇	市级文物保护单位	乡村石窟寺微景观
31	马龙山摩崖造像	重庆市潼南区卧佛镇	市级文物保护单位	乡村石窟寺微景观
32	临江岩摩崖造像	重庆市忠县忠州街道	市级文物保护单位	城市石窟寺微景观
33	龙多山摩崖造像及题刻	重庆市合川区龙凤镇	市级文物保护单位	乡村石窟寺微景观
34	缙云山石窟及摩崖造像（相思岩舍利龛及造像、缙云山那伽窟及感应洞）	重庆市北碚区澄江镇	区县级文物保护单位	乡村石窟寺微景观
35	南龛寺摩崖造像	重庆市潼南区新胜镇	市级文物保护单位	乡村石窟寺微景观
36	五硐岩摩崖造像	重庆市潼南区新胜镇	市级文物保护单位	乡村石窟寺微景观
37	洞湾造像	重庆市忠县金声乡	区县级文物保护单位	乡村石窟寺微景观
38	临江岩摩崖造像	重庆市忠县忠州镇	区县级文物保护单位	城市石窟寺微景观
39	大佛面	重庆市丰都县名山街道	区县级文物保护单位	城市石窟寺微景观
40	关口摩崖造像	重庆市丰都县龙河镇	区县级文物保护单位	乡村石窟寺微景观

（三）主要建设要求

石窟寺微景观建设应以提升文物本体保存状况及周边环境品质，并为所在村（社区）文化休闲、景观改善及文旅发展提供资源供给为主要目标。具体来看，在保护管理方面，要明确管理责任人，建设相应的保护性设施。在展示阐释方面，要完善通达条件，整治周边环境，建设必要的标识标牌，使其能够满足价值展示、参观游览等需求，实现文物保护和展示效果最优化。在文旅融合方面，要结合植物、山石、地形地貌等自然环境，打造乡村文化景观，融入周边旅游线路和农文旅业态。

第三节　川渝石窟寺国家遗址公园建设的实施步骤

一、川渝石窟寺国家遗址公园建设的目标分期

按照新时代川渝石窟寺国家遗址公园建设要求，川渝石窟寺国家遗址公园建设可分近期目标、中期目标和远期目标三个阶段，分别为2024—2025年起步建设期、2026—2030年重点建设期、2031—2035年深化建设期。

（一）近期目标（2024—2025年）：夯实保护基础，强化示范引领

建立川渝石窟寺国家遗址公园建设合作机制。建立两省市石窟寺遗址公园协调与沟通机制，联合推出川渝石窟寺国家遗址公园LOGO和标识系统，联合设立石窟寺资源数据库、官网与线上平台、公园建设基金等，联合申报大足—安岳国家文物保护利用示范区，联合启动文物主题游径重点段建设，联合考古、出版、宣传等活动。

完善川渝石窟寺保护管理基础工作。全面完成川渝重点石窟寺保护区划定及保护规划编制工作，全面实现川渝重点石窟寺安防全覆盖，全面完成川渝地区国家级文物保护单位、省级文物保护单位石窟寺"四有"档案建设，结合第四次全国文物普查工作，开展川渝石窟寺的调查与测绘。

建立川渝石窟寺国家遗址公园建设体系框架。优先完成川渝重要石窟寺抢救性保护工程，启动重点园区的数字化保护工程。先行启动一批核心园区、文化景点、微景观及文物主题游径等试点建设，启动一批川渝石窟寺专题展示设施建设，策划一批石窟寺经典研学与夜游、文创等特色项目，实施一批具有引领示范意义的考古研究、保护展示项目，推进重点石窟寺考古及石窟寺"全要素"考古试点。全域石窟寺保存状况有效改善，安全防护能力持续增强，重要石窟寺展示阐释水平进一步提升，川渝协同的中国南方石窟寺保护利用高地初具雏形。

落实一批面向国内外的宣传、传播、推广行动。结合"亚洲文化遗产保护行动""一带一路"建设，加强研究机构、文博机构与巴基斯坦等国家及地区的合作交流，共同推进石质文物的考古、研究、保护、拓展，扩展与日本、德国、意大利等国家的合作修复项目，策划艺术演艺、国际古迹遗址日活动等传播热点，扩大石窟艺术在传统媒体与新媒体的传播。

（二）中期目标（2026—2030年）：公园建设初具规模，总体格局基本形成

基本完成川渝石窟寺保护工作，全面推进川渝石窟寺综合治理工程。全面推进"石窟中国"与"平安石窟"安防工程，石窟寺预防性保护、科技保护、数字化保护初见成效，实现

川渝石窟寺文物保护单位安防设施全覆盖，建立川渝石窟安全管理平台；完成一批石窟寺保护技术导则、修复工艺等行业规范。

构建石窟寺研学产品体系与文旅产品体系。组织开设石窟寺研学游线与课程，推动石窟寺文化艺术研究课程进入学校教育。

建设具备国际影响力的传播推广基地。建立国际石质文物修复实践中心，深化和"一带一路"等国家的国际交流合作，举办"石刻艺术保护国际高峰论坛"。建成石窟寺资源的数字云平台，开发线上体验项目。

创建川渝石窟保护研究中心、科技创新基地。由四川省文物考古研究院、乐山大佛石窟研究院、大足石刻研究院、重庆市文物考古研究院合作共建川渝石窟寺保护研究中心、川渝石窟保护利用科技创新基地、南方石质文物保护科研基地，并初步投入使用。

完成大足—资阳一体化石窟寺景区建设，形成川渝共建的实践标杆。川渝共同推进大足—资阳、合川—南充、江津—泸州等跨地域文物主题游径建设，组建川渝石窟寺景区联盟，定期举办文化活动，开展跨省联动宣传。

川渝石窟寺国家遗址公园建设点线面结合的整体布局基本形成。跨区域、跨部门统筹联合推进的机制体制有所突破。全面推进核心园区、文化景观、微景观及文物主题游径的建设，初步形成公园建设格局。完成重点区域考古调查，出版一批石窟寺考古报告。推进石窟寺专题展馆建设与展陈提升，初步构建石窟寺场馆体系。探索实施一批公园建设赋能文化产业与乡村振兴的样板项目，发挥文化IP对乡村特色产业的赋能作用。

成功打造一批石窟寺知名资源和文物主题游径，川渝在石窟寺保护展示、文化传播、文旅服务和品牌建设等方面成效初显，建设经验在全国具有示范推广作用。

（三）远期目标（2031—2035年）：持续推进公园建设，辐射带动产业发展

川渝石窟寺国家遗址公园建设工作持续完善，石窟寺保护、石窟寺考古、石窟寺研究、石窟寺利用等各项功能更加强化，持续推进川渝石窟寺国家遗址公园核心园区、文化景点、微景观的建设与基础设施、配套设施的完善，强化石窟寺遗址公园建设与乡村的深度结合，持续推进石窟寺特色文旅产品的研发，形成一批具有鲜明特色的川渝石窟寺文化品牌矩阵，公园建设品牌知名度和美誉度更加突出，发挥带动乡村振兴、促进川渝一体化协同发展等推动作用，建成中国南方石窟寺保护利用高地，成为文化遗产保护传承利用模式的创新典范。

二、川渝石窟寺国家遗址公园建设的重点项目

综合考虑资源禀赋、建设基础、管理机制、综合效益等因素，本书策划20个重点项目作为川渝石窟寺国家遗址公园的工作抓手，其中四川、重庆各10个，以此为例进行探索。

表4-4　重点项目一览表

序号	名称	主要涉及区域	实施分期
1	大足石刻（宝顶山摩崖造像、北山摩崖造像、南山摩崖造像）保护展示及文旅融合项目	重庆市大足区	近期
2	乐山大佛保护展示及文旅融合项目	四川省乐山市	近期
3	广元千佛崖摩崖造像和皇泽寺摩崖造像展示及核心园区建设示范项目	四川省广元市	近期

续表

序号	名称	主要涉及区域	实施分期
4	安岳石窟保护展示及文旅融合项目	四川省资阳市	近期
5	潼南大佛寺保护展示及核心园区建设示范项目	重庆市潼南区	近期
6	南龛摩崖造像—石门寺摩崖造像核心园区建设示范项目	四川省巴中市	近期
7	涞滩二佛寺摩崖造像"全要素"展示与文旅融合示范项目	重庆市合川区	近期
8	牛角寨石窟、能仁寺摩崖造像、冒水村摩崖造像核心园区建设示范项目	四川省眉山市	近期
9	弹子石摩崖造像城市景观建设项目	重庆市南岸区	近期
10	乡村石窟寺文旅融合示范村建设项目	四川省绵阳市、成都市、阿坝州、乐山市、内江市,重庆市忠县、丰都县、潼南区、永川区等	近期
11	大足石刻(石篆山摩崖造像、石门山摩崖造像、千佛岩摩崖造像)景观提升与农文旅融合项目	重庆市大足区	中期
12	千佛寺摩崖造像—万佛岩摩崖造像展示与乡村文旅融合示范项目	重庆市潼南区	中期
13	合川钓鱼城遗址与摩崖造像联合展示示范项目	重庆市合川区	中期
14	江津石佛寺窟前遗址考古研究及"全要素"展示示范项目	重庆市江津区	中期
15	安岳石窟摩崖造像联合展示示范项目	四川省资阳市	中期

续表

序号	名称	主要涉及区域	实施分期
16	邛崃石窟保护展示及文旅融合项目	四川省成都市	中期
17	冲相寺摩崖造像"全要素"展示与文旅融合示范项目	四川省广安市	中期
18	翔龙山摩崖造像"全要素"展示与文旅融合示范项目	四川省内江市	中期
19	川渝石窟寺文化艺术传播矩阵建设项目	以四川省成都市，重庆市南岸区、渝中区、大足区为主的中心城区	远期
20	川渝石窟寺文化创意产品研发项目	四川省成都市中心城区，重庆市大足区、重庆市主城核心区	远期

（一）大足石刻（宝顶山摩崖造像、北山摩崖造像、南山摩崖造像）保护展示及文旅融合项目

项目简介：围绕大足石刻宝顶山摩崖造像、北山智慧景区建设和大足石刻博物馆展示提升，重点探索石窟寺资源活化利用、景区文旅串联复兴与存量资源激活路径。将南山摩崖造像与南山景区融合打造为石窟寺主题城市公园，探索石窟寺文化与城市生活、城市休闲高度融合的实践路径。

主要涉及地区：重庆市大足区。

主要建设内容：开展宝顶山摩崖造像万岁楼、圣寿寺维摩殿、圣寿寺灌顶井窟（观音洞）、北山摩崖造像第105—123号窟、南山摩崖造像三清上殿等相关建筑遗存保护修缮及监测工

程,完善大足石刻监测预警中心建设,开展北山多宝塔、二佛并坐造像、北山公园,以及南山景区周边环境整治及配套设施品质提升工程。推进宝顶山摩崖造像、北山摩崖造像、大足石刻博物馆智慧景区建设,完善景区票务系统大数据分析与应用功能,结合大足石刻游客中心设置川渝石窟寺国家遗址公园传播中心;加强景区内智慧导览、智慧讲解、定制服务等功能,通过公共空间微展览、纪录片、数字沙盘、自助查询等方式,展示公园建设成就,集成核心园区、文化景点、文物主题游径等参观游览信息。加大宝顶山摩崖造像、北山摩崖造像、南山摩崖造像等处的道路、电力、电信、给排水、环境卫生等基础设施建设。研发以大足石刻为主题的文创产品,策划推出大足石刻旅游文化节,培育景区文化业态与互动性体验项目。

(二)乐山大佛保护展示及文旅融合项目

项目简介:推进乐山大佛石质文物保护关键技术研究,围绕乐山大佛保护研究和展示利用,高水平打造重点文旅品牌,探索"大佛文化"、石窟寺资源的活化利用路径。

主要涉及地区:四川省乐山市。

主要建设内容:采用"专家体检+审慎实验+科学修复"方式开展乐山大佛保护修复以及危岩体排险加固工程,系统化梳理乐山大佛历史文脉,积极推进相关工程报告集、科研论文集出版等工作,构建乐山大佛学术研究体系;加大乐山大佛景区道路、电力、电信、给排水、环境卫生等基础设施建设,将佛、城、山、水融会贯通,融合"夜游三江"重点文旅品牌举办乐山国际马拉松、四川省"村BA"等系列活动,高标准建设一批重点文旅项目，实现文化旅游的深度融合。

（三）广元千佛崖摩崖造像和皇泽寺摩崖造像展示及核心园区建设示范项目

项目简介：进一步提升广元千佛崖摩崖造像和皇泽寺摩崖造像保护及展示利用水平，丰富景区游览项目，扩展文化活动，打造川渝石窟寺公园核心园区示范案例。

主要涉及地区：四川省广元市。

主要建设内容：开展广元千佛崖摩崖造像和皇泽寺摩崖造像本体保护与环境整治工程，推进重点龛窟文物环境监测系统项目、安全防范工程、保护窟檐项目等，策划举办花朝节等文化活动，重点展示考古成果，进行文物本体展示提升，集成宣传川渝石窟寺国家遗址公园核心园区建设成果。

（四）安岳石窟保护展示及文旅融合项目

项目简介：依托卧佛院、圆觉洞、华严洞、毗卢洞等安岳石窟建设川渝石窟寺国家遗址公园核心园区，有序推进保护利用规划，实施一批保护项目，适度开发石窟资源，打造以石窟促进文旅融合发展的示范案例。

主要涉及地区：四川省资阳市。

主要建设内容：加强安岳石窟各处国家级文物保护单位、省级文物保护单位的保护修复及危岩体加固，提升道路、电力、电信、给排水、环境卫生等基础设施建设，实施"石窟＋水""石窟＋数""石窟＋山"工程，围绕各地丰富的石窟文化，建设"三谷一街一院"功能区、打造安岳石窟数字展示中心、"安柠石光"川渝文化体验区等，实现通过"石窟＋N"打造文旅融合的新方式、新示范。

（五）潼南大佛寺保护展示及核心园区建设示范项目

项目简介：进一步提升潼南大佛寺摩崖造像保护展示水平，扩展景区游览项目，丰富文化活动，打造川渝石窟寺国家遗址公园核心园区示范案例。

主要涉及地区：重庆市潼南区。

主要建设内容：开展潼南大佛寺摩崖造像本体保护与环境整治工程，实施地表水治理、窟檐建设、遗产监测等保护工程；进行文物本体展示提升，结合景区设置石窟寺专题展馆，结合潼南博物馆设置专题展览、策划文化活动、创建研学教育基地；推进景区扩展建设和改造提升，将西岩石窟纳入景区范畴，与双江古镇联合推出精品文旅项目。

（六）南龛摩崖造像—石门寺摩崖造像核心园区建设示范项目

项目简介：以南龛摩崖造像、石门寺摩崖造像保护研究工作为支撑，建设川渝石窟寺国家遗址公园核心园区，承担石质文物保护研究传承利用等各项功能。

主要涉及地区：四川省巴中市。

主要建设内容：开展南龛摩崖造像、石门寺摩崖造像本体保护与环境整治工程，进行文物本体展示提升，设置专题展览、策划文化活动等，重点展示考古成果，集成宣传川渝石窟寺国家遗址公园核心园区建设成果。

（七）涞滩二佛寺摩崖造像"全要素"展示与文旅融合示范项目

项目简介：对涞滩二佛寺摩崖造像、涞滩古镇及双龙湖的文旅资源、最新考古成果等进行挖掘展示，并结合景区发展需求，开展展馆建设、基础设施扩容、老街整治提升、大景区建设等项目,促进石窟寺保护展示与文旅融合发展。

主要涉及地区:重庆市合川区。

主要建设内容:结合涞滩二佛寺摩崖造像考古发掘相关工作,实施舍利塔等文物本体的修缮工程,进行文物本体展示提升,结合涞滩二佛寺摩崖造像或涞滩古镇设置石窟寺专题展馆,重点展示宋代建筑遗迹与城墙等考古成果;实施石窟寺周边环境整治与景观提升、停车场等基础设施改造升级、老街整治与业态提升项目;策划传统节庆和体验活动。

(八)牛角寨石窟、能仁寺摩崖造像、冒水村摩崖造像核心园区建设示范项目

项目简介:以牛角寨石窟、能仁寺摩崖造像、冒水村摩崖造像保护研究工作为支撑,建设川渝石窟寺国家遗址公园核心园区,提升石窟艺术展示利用水平,建成引领四川境内石窟寺综合保护利用的示范基地。

主要涉及地区:四川省眉山市。

主要建设内容:联动开展牛角寨石窟、能仁寺摩崖造像、冒水村摩崖造像的本体保护与环境整治工程,推动石窟寺数字化保护利用工程,推动石窟寺附近其他遗址考古、历史建筑的保护和修缮,以及周边环境整治与景观提升等基础设施改造工程,集成展示和宣传川渝石窟寺国家遗址公园核心园区建设成果。

(九)弹子石摩崖造像城市景观建设项目

项目简介:提升弹子石摩崖造像文物本体保护展示水平。结合"两江四岸"整体提升建设川渝石窟寺主题文化园,打造主城核心区长江沿岸露天文化地标。

主要涉及地区：重庆市南岸区。

主要建设内容：推进弹子石摩崖造像文物本体科技保护、数字化保护、成果展示提升工程，针对寺院遗址、古码头、碑刻题记等历史环境要素进行考古调查，深入阐释文化内涵、艺术成就、开凿历史、发展演变历程等。结合"两江四岸"整体提升，推进石窟寺周边环境整治和历史景观修复，与周边中央公园、滨江绿地等其他资源点加强联系，开辟建设"石窟寺主题文化园"，通过微展厅、复原洞窟或造像、现代石刻艺术、夜景照明等方式打造万里长江"第一佛"露天文化地标。

（十）乡村石窟寺文旅融合示范村建设项目

项目简介：以四川省绵阳市、成都市、阿坝州、乐山市、内江市，重庆市忠县、丰都、潼南、永川等市（区）县相关村落为对象，建设乡村石窟寺文旅融合示范村。

主要涉及地区：四川省绵阳市、成都市、阿坝州、乐山市、内江市，重庆市忠县、丰都县、潼南区、永川区等。

主要建设内容：结合卧龙山千佛岩摩崖造像、药师岩摩崖造像、点将台摩崖造像、宝华山摩崖造像、灵芝岩—石门寺摩崖造像，以及木头崖造像、关口摩崖造像、五硐岩摩崖造像、联盟村摩崖造像等文化公园、文化景点、乡村石窟寺微景观建设，协同周边区县及石窟寺富集区县在人居环境整治和地方特色产业发展等方面建设经验，建设乡村石窟寺文旅融合示范村。

（十一）大足石刻（石篆山摩崖造像、石门山摩崖造像、千佛岩摩崖造像）景观提升与农文旅融合项目

项目简介：推动石篆山摩崖造像、石门山摩崖造像、千佛

岩摩崖造像建设，打造"石窟寺+乡村"文旅融合示范项目，建设以石刻促进农文旅融合发展与乡村振兴的示范案例。

主要涉及地区：重庆市大足区。

主要建设内容：开展千佛岩石刻保护修缮及防风化处理工程，开展罗汉湾、佛会寺、子母殿石窟、寨墙遗址等相关遗存保护修缮及周边环境整治，推进石篆山摩崖造像与千佛岩摩崖造像间必要的基础设施及旅游服务配套设施建设，包括游览步道、交通公路、沿线标识导览系统、游客服务站、停车场、管理用房等。加强石门山摩崖造像保护修复及危岩体加固，开展香炉、石柱、圣府洞寺大殿等相关遗存保护修缮工程，提升道路、电力、电信、给排水、环境卫生等基础设施建设，与大足区金山镇陈家岩摩崖造像、大足区拾万镇五彩田园农业旅游融合打造"石刻+农业"的农文旅综合示范项目。

（十二）千佛寺摩崖造像—万佛岩摩崖造像展示与乡村文旅融合示范项目

项目简介：建设千佛寺摩崖造像—万佛岩摩崖造像保护展示设施，加强考古成果展示，开发文旅产品，探索石窟寺国家遗址公园促进乡村振兴发展模式。

主要涉及地区：重庆市潼南区。

主要建设内容：实施千佛寺摩崖造像—万佛岩摩崖造像窟檐建设、锚杆加固和本体修缮等保护工程，重点做好窟前遗址展示及保护展示棚、窟檐建设；建设展厅、游客中心等展示设施，进行文物本体展示提升，与"陈抟故里·菜花景区"农文旅项目进行联合开发，完善游览线路，打造文化IP，设计文创产品和特色农产品，开展线上宣传传播。

(十三) 合川钓鱼城遗址与摩崖造像联合展示示范项目

项目简介：通过摩崖造像和宋墓石刻、古城、遗址的联合展示，充分展现钓鱼城由寺院到山城的历史及景观发展演变历程，实现合川钓鱼城景区文化内涵的丰富提升。

主要涉及地区：重庆市合川区。

主要建设内容：整治摩崖造像周边环境，进行造像本体展示提升，开展钓鱼城历史发展进程、造像开凿情况等专题研究，增设必要的展示设施，在钓鱼城古战场遗址博物馆中增加石窟寺相关展示内容，结合造像开展文创产品开发，融入"钓鱼城旅游文化节"等文化节庆活动。

(十四) 江津石佛寺窟前遗址考古研究及"全要素"展示示范项目

项目简介：深入实施江津石佛寺遗址"全要素"考古研究，有序推进本体保护展示及核心园区建设；结合江津新城生态宜居公园城市建设开展历史景观修复。

主要涉及地区：重庆市江津区。

主要建设内容：深入实施江津石佛寺遗址考古研究，充分揭示摩崖造像、寺院遗址，以及古寨、古道等历史环境要素间的文化关联，同步推进保护性设施和安全防护设施建设、数字化和预防性保护工作，结合核心园区建设统筹推进石窟寺专题展馆、出土文物修复中心、观景台、游步道、停车场等配套服务设施建设；开展石佛寺环境整治和历史景观修复，充分展示"奇石建古寺、寺在山水间、城寺两相依"的人文自然景观，使昔日江津八景之"古寺晓钟"成为江津新城的文化地标。

（十五）安岳石窟摩崖造像联合展示示范项目

项目简介：进一步实施安岳石窟庵堂寺、佛耳岩、高升大佛寺、三仙洞等石窟寺"全要素"考古研究，积极与周边地区沟通联系，与大足石刻的保护、研究、利用联动互动，有序推进文物本体保护展示及川渝石窟寺国家遗址公园核心园区建设。

主要涉及地区：四川省资阳市。

主要建设内容：进一步加强安岳石窟省级文物保护单位的保护修复及危岩体加固，提升道路、电力、电信、给排水、环境卫生等基础设施建设，积极与广元、巴中、成都、自贡、遂宁、泸州、大足等石窟寺富集地区沟通联系，加强石窟寺价值研究、石窟寺数字展示中心项目建设，探索"以大带小"管理模式，进一步擦亮"中国石刻艺术之乡"名片，争取资大文旅融合发展示范区创建为国家文化和旅游融合发展示范区。

（十六）邛崃石窟保护展示及文旅融合项目

项目简介：推进邛崃石窟石质文物保护关键技术研究，围绕邛崃石窟保护研究和展示利用，高水平做深全域旅游，不断打造城市旅游、山地旅游和乡村旅游三张文化旅游名片。

主要涉及地区：四川省成都市。

主要建设内容：开展邛崃石窟石笋山、磐陀寺、花置寺保护修复及危岩体排险加固工程，系统化梳理邛崃石窟历史文脉，积极推进相关工程报告集出版等工作，加大邛崃石窟道路、电力、电信、给排水、环境卫生等基础设施建设，融合平乐古镇、天台山、竹溪湖、茶兰、天府川西竹海等A级旅游景区资源，高标准建设一批重点文旅项目，实现文旅深度融合。

（十七）冲相寺摩崖造像"全要素"展示与文旅融合示范项目

项目简介：进一步提升冲相寺摩崖造像的抢救性保护和开发利用水平，进行"全要素"考古研究，有机串联地方历史文化遗产打造精品旅游路线。

主要涉及地区：四川省广安市。

主要建设内容：开展冲相寺摩崖造像本体保护与环境整治工程，实施地表水治理、遗产监测等保护工程，推进景区扩展建设和改造提升，策划文化活动，将肖溪古镇、冲相寺在内的专题性历史文化遗产有机串联成精品旅游路线。

（十八）翔龙山摩崖造像"全要素"展示与文旅融合示范项目

项目简介：对翔龙山摩崖造像的文旅资源、最新考古成果等进行"全要素"挖掘展示，并结合景点发展需求，开展基础设施扩容等项目，促进石窟寺保护展示与文旅融合发展。

主要涉及地区：四川省内江市。

主要建设内容：结合翔龙山摩崖造像考古发掘相关工作，实施文物本体的修缮工程，进行文物本体展示提升；实施石窟寺周边环境整治与景观提升、停车场等基础设施改造升级项目，设置石窟寺展馆展示考古成果，策划传统节庆和体验活动。

（十九）川渝石窟寺文化艺术传播矩阵建设项目

项目简介：以四川博物馆、成都博物馆、重庆博物馆、重庆中国三峡博物馆为核心，大足石刻博物馆、乐山大佛博物馆为重点，石窟寺展示站点为补充，形成"4+2+N"相结合的川渝石窟寺文化艺术传播矩阵。

主要涉及地区：以四川省成都市，重庆市南岸区、渝中区、大足区为主的中心城区。

主要建设内容：结合四川博物馆、成都博物馆、重庆博物馆、重庆中国三峡博物馆建设，开辟川渝石窟寺主题展厅和传播中心，全面阐释川渝石窟寺资源文化脉络、价值特色和保护成果，集成宣传川渝石窟寺国家遗址公园核心园区、石窟寺文化景点、石窟寺文物主题游径等参观游览信息，提供多主体、多组合的"旅游攻略"和"打卡攻略"，并在机场、火车站、汽车站、公交站、城市公园等地设置一批石窟艺术展示站点，因地制宜采用主题展区、室内装修、文化墙、广告牌、现代石刻艺术等方式，创造丰富多样的展示体验场所。

（二十）川渝石窟寺文化创意产品研发项目

项目简介：按照突出文化内涵、力求体现创新、强调经济实用、注重市场需求的原则，依托文创大师、雕刻技艺、非物质文化遗产、现代工艺等研发生产文化创意产品。

主要涉及地区：四川省成都市中心城区，重庆市大足区及主城核心区。

主要建设内容：依托成都瞪羚谷、明堂等四川成都市中心城区文创园，大足石刻文创园，以及重庆二厂、北仓等重庆主城核心区文创园，联合中央美术学院、四川美术学院等高校或文化策划运营机构，通过雕塑艺术、工艺美术、数字文创、剪纸版画等方式，开展石窟寺数字资源和艺术创作，培育石窟寺艺术版权孵化中心，保护传承石雕石刻等石窟寺相关非物质文化遗产，推出反映川渝石窟寺的文创产品，推进大足石刻文创园创建国家级文化产业示范园区，把成都瞪羚谷、明堂等打造成中西部产业生态完善的文创产业基地。

第五章　芳华家园建设与乡村振兴
——川渝石窟寺国家遗址公园建设与乡村振兴的耦合路径

2024年中央一号文件中提出,"实施乡村文物保护工程"。通过这一工程,不仅有助于保护和传承乡村历史文化,让千年文脉得以延续,还为整个国家的文化底蕴增添了新的元素。前文分析了川渝石窟寺国家遗址公园研究情况、建设概况和规划设想,本章将以川渝石窟寺国家遗址公园建设与乡村振兴耦合为视角,从建设路径进行分析[①]。总体来看,川渝石窟寺国家遗址公园建设和乡村振兴战略,在建设地域上重合,在建设目标上一致,在建设内容上统一,具有较强的耦合发展基础。

从建设地域来看,川渝石窟寺国家遗址公园主要位于川渝广大乡村地区,亦是乡村振兴的重点区域。从建设目标来看,川渝石窟寺国家遗址公园建设要达到遗产保护、科研教育、文化旅游及经济发展的多重目标;乡村振兴要实现"产业兴旺、生态宜居、乡风文明、治理有效、生活富裕"的总体目标。从建设内容来看,川渝石窟寺国家遗址公园建设过程中重点实施

---

① 2021年12月,国家文物局印发《"十四五"石窟寺保护利用专项规划》,明确要结合国家乡村振兴战略,串联线性石窟寺文物资源,稳步推进川渝石窟寺遗址公园建设。

保护传承、研究发掘、环境配套、文旅融合等工程，乡村振兴主要包括产业振兴、人才振兴、文化振兴、生态振兴、组织振兴等"五个振兴"。因此，需将且能将川渝石窟寺国家遗址公园建设与国家乡村振兴战略有效衔接、创新性实践，实现文化保护、文旅发展与乡村振兴的深度融合发展。

第一节 芳华家园建设与乡村振兴的文献讨论

关于乡村振兴方面。刘守英、程国强（2021）对乡村产业兴旺、生态宜居、城乡融合等进行研究，主要分析城乡融合与乡村振兴之间的关系①。刘丹（2020）②和张孝德（2021）③对乡村振兴案例和专家观点进行梳理，主要关于乡村脱贫致富案例、乡村土地制度改革实践等，未系统全面地从"五个振兴"进行分析，分析文化振兴时主要谈农耕文化。黄建红（2023）研究认为，以红色资源赋能产业发展、以红色基因培育乡村人才、以红色文化涵养乡风文明的"红三角"可助推乡村振兴④。李长安（2023）⑤、Vasily（2022）⑥、Zeng

---

① 刘守英，程国强等.中国乡村振兴之路——理论、制度与政策[M].北京：科学出版社，2021.
② 刘丹.乡村振兴案例选编[M].北京：国家行政学院出版社，2020.
③ 张孝德.乡村振兴专家深度解读[M].北京：东方出版社，2021.
④ 黄建红."红三角"内源式发展：革命老区乡村振兴的衡山案例研究[J].中国农村观察，2023（03）.
⑤ 李长安，徐宁.乡村振兴战略持续推进的内在动力机制研究[J].甘肃社会科学，2023（05）.
⑥ Vasily Erokhin, Rural Revitalization: China's Approach to Sustaining Rural Development[J]. SUSTAINABLE AGRICULTURE AND RURAL DEVELOPMENT III, 2022（11）：67-76.

（2020）①、Gkartzios（2014）②等研究认为，当前乡村发展的内生动力较为匮乏，可通过挖掘文化遗产补充宝贵资源进而推动乡村发展。此类文献以乡村振兴为视角，虽勾绘出些许轮廓，但没有系统结合文化遗产的保护利用工作进行研究。

关于川渝石窟寺国家遗址公园建设与乡村振兴融合方面。殷志芳（2023）③、刘晓靓（2022）④、李宏宇（2021）⑤等分别研究了河北长城国家文化公园建设、隆盛庄段明长城国家文化公园建设、宿迁大运河文化带建设与乡村振兴的融合路径，认为从打造文旅产业链、保护区域周边生态环境等方面进行融合可为乡村振兴注入新活力，虽然融合思路逐渐浮现，但对两者的耦合路径研究仍然不够系统。Bosworth（2016）⑥研究发现，农村的新内生发展是依赖于整合外部影响以增加当地潜力的"自下而上"的活动，认为应该综合利用内生与外生的共同力量来促进农村进步的持续性。现有文献对川渝石窟寺国家遗址公园建设与乡村振兴融合发展的研究不多，但有一些探索认为，

---

① Zeng Sishi, Liu Wangminna, Rural Revitalization: How to Develop Rural Tourism [J]. Education and Humanities Research, 2020（466）: 635-639.
② Gkartzios M, Scott M. Placing housing in rural development: exogenous, endogenous and neo-endogenous approaches [J]. Sociologia Ruralis, 2014, 54（3）: 241-265.
③ 殷志芳. 宿迁大运河文化带建设与全面推进乡村振兴融合路径研究 [J]. 商业观察, 2023, 9（02）: 24-26.
④ 刘晓靓. 隆盛庄段明长城国家文化公园建设与乡村振兴融合路径研究 [J]. 科技资讯, 2022, 20（23）: 253-256.
⑤ 李宏宇. 河北长城国家文化公园建设与乡村振兴融合路径研究 [J]. 农村经济与科技, 2021, 32（20）: 93-95.
⑥ Bosworth G, Annibal I, Carroll T, et al. Empowering local action through neo-endogenous development: the case of LEADER in England [J]. Sociologia Ruralis, 2016, 56（3）: 427-449.

融合形成的内生与外生力量，正是川渝石窟寺国家遗址公园建设与乡村振兴两者发展所需，这也是本章研究的出发点。

第二节 芳华家园建设与乡村振兴的耦合设想

站在新的历史背景、国家战略要求和川渝乡村实际，如何系统分析川渝石窟寺国家遗址公园建设和乡村振兴协同发展的耦合关系？如何从实践上探索川渝石窟寺国家遗址公园建设与乡村振兴的耦合路径，实现川渝石窟寺国家遗址公园建设与乡村振兴战略的相互作用、合力推进？这是本章研究的重点。具体可概括为"一条主线、两个主体、五种路径、一大目标"（如图5-1所示）。

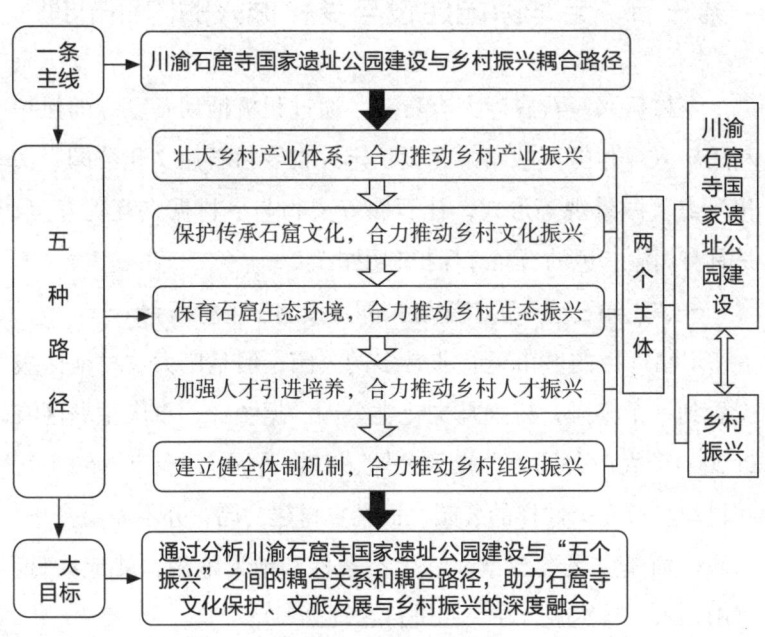

图5-1 研究框架

其中,"一条主线"指川渝石窟寺国家遗址公园建设与乡村振兴耦合路径这条研究主线。"两个主体"指川渝石窟寺国家遗址公园建设和乡村振兴两个研究主体。"五种路径"分别指壮大乡村产业体系,合力推动乡村产业振兴;保护传承石窟文化,合力推动乡村文化振兴;保育石窟生态环境,合力推动乡村生态振兴;加强人才引进培养,合力推动乡村人才振兴;建立健全体制机制,合力推动乡村组织振兴,共五条耦合路径。"一大目标"指"通过分析川渝石窟寺国家遗址公园建设与'五个振兴'之间的耦合关系和耦合路径,助力石窟寺文化保护、文旅发展与乡村振兴的深度融合"这一目标。

第三节 芳华家园建设与乡村振兴的内在机理

乡村振兴,石窟寺大有看头。通过积极推动石窟寺的保护利用融入乡村振兴战略,建设认定一批乡村石窟文化公园、文化景点、微景观等形式,让石窟寺文物与乡村振兴互促互赢,是具有川渝特色的石窟寺保护利用之路。

一、川渝石窟寺国家遗址公园建设之于乡村振兴

川渝地区的城市里有非常多的公园,但是广大农村地区极少看到一个公园,特别是文化类公园。据统计,重庆主城区有近2000个大小公园(含社区公园、口袋公园),全市7959个行政村却没有一个像样的公园。而在乡村建公园,并不需要豪华、精致,而是立足资源禀赋、生态条件和地形地貌,就地取材,将山、水、自然融合在一起进行建设。

川渝石窟寺国家遗址公园建设,可以推动当地乡村文化的

传承和创新，促进乡村文旅融合，从而带动乡村经济发展。比如，川渝石窟寺国家遗址公园建设项目规划的内容，以保护石窟寺文物为主，以研究发掘、环境配套、数字再现等重点工程，通过石窟寺文化主题展示，促进文旅融合发展，形成多样化、多元化、地域性的乡村产业体系。同时，可在乡村产业发展中融入石窟寺文化元素，突破乡村旅游单一化、简单化的发展形式，促进乡村品牌农业发展，乡村旅游产业规模化、多样化、集成化发展，积极发展湿地公园、民俗农庄、特色农业、特色文化旅游区等，由单一的农家乐、渔家乐、杏花节、桃花节等赏花采摘产品形态向多元产业体系发展，带动农民增收①。

二、乡村振兴之于川渝石窟寺国家遗址公园建设

乡村振兴是包括产业振兴、文化振兴、生态振兴、人才振兴、组织振兴的全面振兴，是产业体系的不断壮大、传统文化的保护传承、生态环境的治理保护、乡村人才的引进培养，等等，这些对推动川渝石窟寺国家遗址公园建设涉及的文物保护、研究阐述、配套设施、文旅融合等发展具有积极作用，与川渝石窟寺国家遗址公园建设的多重目标有较强的相关性。比如，四川乡村石窟文化公园建设任务就提出，要丰富周边生态农业、文化旅游、农产品消费要素，适度发展"核心 IP+ 餐饮住宿 + 文创产品研产销"相融合的农文旅新业态等；乡村文化景点建设任务提出，要融入周边文化旅游线路打造，嵌入周边生态农业、乡村民宿等特色农文旅项目，形成富有特色的"文化体验单

---

① 焦玉环.用长城文化激活乡村振兴——以酒泉明长城为例[J].文物鉴定与鉴赏.2023（06）：170–173.

元"①。由此可认为,乡村振兴对川渝石窟寺国家遗址公园建设同样具有促进作用,是国家遗址公园建设的"助推器"。

三、国家遗址公园建设与乡村振兴互促关系探析

川渝石窟寺国家遗址公园的建设与实现乡村振兴是相辅相成、相互促进、共同发展的关系。川渝石窟寺国家遗址公园的建设不仅会让更多的公众了解认识石窟寺文化,也会随之带动周边住宿、餐饮以及特色产业的发展,进而为村民创业、就业等提供更多的机会,能激发乡村建设的活力,而村民素质的提高、农村经济的发展都会对石窟寺文物的传承保护、开发利用,以及川渝石窟寺国家遗址公园的建设发展起到积极的推动作用,两者的目标和途径比较相似。比如,通过实施石窟寺文旅融合推进乡村经济建设工程,让石窟寺文化旅游产业活起来,从而促进农村经济高质量发展。同样,实施乡村经济促进石窟寺文旅融合发展工程,达到在保护好石窟寺文物的同时,传承和发扬石窟寺文化精神,发展乡村产业,促进乡村振兴。

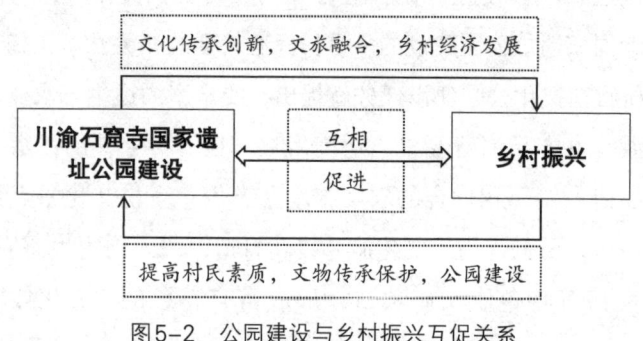

图5-2 公园建设与乡村振兴互促关系

---

① 参考资料来源于《四川乡村石窟文化公园(景点、微景观)建设工作方案》(川宣通〔2023〕4号)。

第四节　芳华家园建设与乡村振兴的耦合路径

在分析川渝石窟寺国家遗址公园建设现状、川渝石窟寺国家遗址公园建设和乡村振兴协同发展的逻辑机理基础上,将重点分析从五种路径合力助推"五个振兴",具体如下。

一、产业振兴耦合：合力壮大乡村产业体系

石窟寺沿线乡村地区要抓住川渝石窟寺国家遗址公园建设机遇,结合资源禀赋和地域实际,在石窟寺文化遗产保护的基础上,大力发展生态农业、休闲农业、文旅产业,促进农村一、二、三产业融合发展。比如,通过健全乡村产业链,鼓励发展石窟寺创意农业、研学旅行等业态,为乡村振兴发展赋能。选择区位优势明显的乡村发展文创产业,挖掘文化资源,聚集文创企业,唱好雕刻技艺、文化创意、地方经济互促共荣之路。探索公众对石窟寺文旅的兴趣点,维修有价值的古旧民居,以石窟寺为中心,因地制宜打造一批特色文化村和文化旅游体验村,以及集石窟寺、文博馆、特色村镇于一体的石窟寺文化旅游度假区,形成文物和文化相结合的旅游资源聚集带,让石窟寺文化遗产保护利用的成果惠及村民,也为沿线乡村地区的文化和旅游产业兴起提供生产资源和发展动力[①]。要细分旅游客源市场,设计便利化、多样化、可参与的文化旅游项目及活动,通过数字化技术手段和新媒体、自媒体等传播方式促进石窟寺文化的展示和传播,加深游客的情感体验。

---

① 李强.浅论国家文化公园建设与沿线乡村振兴［J］.戏友.2022（05）：25-26.

案例分析：重庆市大足区大足石刻文创园。

图5-3　大足石刻文创园

千年文化瑰宝催生文创"大市场"。大足石刻文创园位于重庆市大足区三驱镇，处于渝蓉、大内、南大泸3条高速公路交汇处，于2019年年初筹建，园区规划面积8平方千米，以大足石刻文化内涵、雕塑语言、色彩元素为根，重点培育"雕塑文创、工艺美术、数字文创"三个特色产业，打造园区、城区、景区"三区"融合的文化创意产业发展空间。截至2023年年底，园区建成面积2.5平方千米、智能标准厂房68万平方米，集聚文化产业人才超过2.4万人、文化企业总数超过164家，吸引国家级和省级工艺美术大师30余名。已成功创建重庆市文化产业示范园区，列入重庆市重大项目、共建成渝地区双城经济圈重大项目、重庆市"十四五"文旅融合重点项目，正争创国家级文化产业示范园区。

二、文化振兴耦合：合力保护传承石窟文化

乡村文化兴盛既是乡村振兴的重要动力，也是乡村振兴的重要内容。建设川渝石窟寺国家遗址公园，不仅要做好石窟寺文物本体的保护修缮，还应统筹推进乡村地区的民俗文物、历

史古迹和非物质文化遗产的活化利用。

要深化对石窟寺文化内涵的挖掘,结合时代精神赋予石窟寺以新的时代内涵和文化价值。比如,打造一批展现时代价值和石窟寺特色的艺术精品,推出一批丰富多彩的文艺活动,讲好石窟寺故事。推动以川渝石窟寺为主题的舞台艺术、美术、动漫、影视剧等创作,组织美术工作者赴川渝石窟寺沿线地区采风写生,举办主题摄影展,推动"石窟寺艺术乡建",不断丰富川渝石窟寺国家遗址公园建设举措。

要在推进石窟寺保护传承工程时,统筹推进沿线乡村民俗文物、历史古迹和非物质文化遗产的活化利用。建设川渝石窟寺国家遗址公园,除了开展重点文物修缮保护,实施沿线文物和文化遗产保护、传承、利用也是重要建设任务。要在保持乡村人文风貌和保护生态环境的前提下,协同推进重点文物修缮保护工程与乡村文化记忆工程,建设乡村民俗博物馆,修缮村落周边历史古迹,打造"乡村+文化"文旅融合示范点,丰富非物质文化遗产的展示平台,繁荣沿线乡村的文化生活,重构传统乡村社会的历史文脉,以文字、图片、视频等形式通过线上线下进行宣传报道,以灯光、主题、体验等方式营造氛围,让群众实地感受、用心感悟,让石窟寺文化和乡土文化共同成为大众了解历史文化和农耕生活的窗口,成为川渝石窟寺国家遗址公园建设中浓重的一抹色彩。

案例分析:重庆市大足区"如梦荷棠·山湾时光"。

荷花摇曳生姿,风光如梦如幻。"如梦荷棠·山湾时光"是重庆市大足区乡村振兴重点项目,处于大足城区和宝顶山石刻的中间位置,到大足石刻游客服务中心车程不到10分钟,规

图5-4 "如梦荷棠·山湾时光"夜景

划面积1万亩,总投资2.34亿元,种植了上千亩荷莲、70万株海棠,已建成荷花观赏区505亩、海棠观赏区400亩,通过运用"荷花＋灯光秀""自然＋文化""美食＋民宿",打造以农文旅为主体、田园风光为基础,荷花和海棠为特色,并融入农耕文化、石刻文化,集农业休闲观光、乡村旅游为一体的城景融合旅游休闲综合体,着力建成农旅文商融合发展示范区、成渝双城荷花农旅发展交流中心。

案例分析：卧龙镇千佛岩乡村石窟文化公园。

图5-5 卧龙山风景区

建一条路，串一片景。梓潼县卧龙镇千佛岩乡村石窟文化公园处于四川省绵阳市梓潼县的卧龙山风景区，是首批入选四川省石窟文化公园建设名单的石窟寺点位，该地结合乡村振兴、石窟文化公园建设，相继实施了道路提升、环境整治、陈列馆展示、建筑改造、植入文化服务等内容，举办卧龙镇千佛岩石窟文化公园推介会暨美食音乐节，让游客、村民不仅能感受到卧龙山千佛岩摩崖石刻浓厚的历史文化氛围，还能享受到园区风光和卧龙美景，着力将石窟公园建成农文旅深度融合发展的乡村振兴新样板，推动文物"串起来""活起来"。

三、生态振兴耦合：合力培育石窟生态环境

绿水青山就是金山银山。川渝石窟寺国家遗址公园建设与乡村振兴融合过程中，要把生态环境保护放在首位，贯彻可持续发展思想，坚持保护第一原则，着力建设集自然生态与人文景观于一体的风景廊道。建立川渝石窟寺国家遗址公园保护利用协调管理机制，从顶层设计、保护运营机制、政策支持等方面借鉴国内外类似的成功经验，以生态环境保护为前提，以文物保护利用为基础，以农文旅产业融合为目标，整体推进。石窟寺沿线乡村地区要贯彻落实可持续发展思想，不仅保护石窟寺文化遗产本身，而且对与遗产紧密相关的自然环境、景观格局，以及遗产衍生出的社会人文环境加以整体保护、"全要素"保护，将旅游资源中的食、住、行、游、购、娱各方面进行生态化和低碳化设计，提高石窟寺文物资源有效利用率。统筹推进环境配套建设与沿线村庄公共基础设施建设，深入推进自然生态环境恢复和乡村环境卫生治理。通过修复空间环境，改善交通条件，建设服务设施，完善乡村照明、道路等公用事业设施和修建乡村广场、舞台戏台等公共文化设施，系统推进国家遗址公园配套环境，改善沿线乡村人居环境。

案例分析："灵动大运河、韵美白草洼"白草洼村。

图5-6　景县留智庙镇白草洼村

运河古渡口，美丽新乡村。白草洼村，位于河北省景县留智庙镇，借势大运河国家文化公园建设，因运河而生，也因运河文化而兴。大运河景县段全长73.2千米，南接山东德州，北入衡水阜城，在运河岸边留下了历史悠久的运河古村——白草洼村。在美丽乡村建设中，景县结合白草洼村与大运河的历史渊源、人文景观等，着力将白草洼村作为省级美丽乡村样板来打造，不仅在村里建立文化墙、雕塑等，还流转土地进行绿化，在街头巷尾广泛布置文化小景、挂牌"美丽庭院"示范户，打造美丽小村、文化小村、旅游小村。

四、人才振兴耦合：合力加强人才引进培养

石窟寺无论是研究、保护还是利用，都离不开人才队伍的代代传承。人才是关键要素，也是发展的支撑点。要以建设川渝石窟寺国家遗址公园为契机，重视培育一批乡村本土文化人才，把乡贤人才"引回来"，进而激发乡村各类文化人才的活力，搭建文化人才"回流"平台，为乡村人才振兴提供有力支持。要加大对石窟寺沿线农民的教育培训力度及人才引进，组建适应产业发展的和乡村建设急需的高素质人才队伍，使之成为川渝石窟寺国家遗址公园和乡村振兴的建设者。以大足石刻研究院、乐山大佛石窟研究院为引领，联合川渝两地文物管理机构构建石窟寺保护利用人才体系，着力培养石窟寺保护利用领军人才、科研人才、技能人才和管理人才。

案例分析：山西探索培养文物全科人才强化基层文保。

定向招生、定向分配、免费培养。山西省根据基层文物工作实际，从2022年起，连续5年面向全省117个县（市、区）定向培养600名文物全科人才，并委托山西大学培养。参照山西省公费农科生定向培养政策，印发《文物全科人才免费定向培养实施办法》，在校学习期间免缴的学费、住宿费、教材费、实习费、生活补贴由省财政负担，列入培养院校年度预算予以保障。经过本科院校正规培养后，文物全科人才系统掌握考古、文物建筑、博物馆三大领域专业知识，毕业后直接到县（市、区）及以下文物保护事业单位定向就业，入职即为事业编制文物专业技术人才，有效为基层文物保护工作提供强有力的支撑。该项目现已入选国家文物局文物事业高质量发展十佳案例。

五、组织振兴耦合：合力建立健全体制机制

逐步打破川渝两地区域限制，建立多方协同的川渝石窟寺国家遗址公园建设统筹机制，发挥相关川渝石窟寺国家遗址公园建设领导小组、乡村振兴工作领导小组的组织协调作用，组织各部门配合形成合力，加强公园顶层设计与项目规划，推动文化旅游、建设、交通、环保等多部门联动，形成政府、企业和村民共同参与的长效发展机制路径。在统筹各部门、各地政府资源和力量的同时,鼓励、引导企业及社会团体等参与川渝石窟寺国家遗址公园的建设运营,建立常态化、多主体广泛参与的交流合作机制,最大限度地调动各方的积极性,实现共建共治共享。比如,各级财政和乡村振兴基金可参与支持石窟寺沿线文化遗产保护传承、生态环境保护、基础设施建设、现代农业发展、文旅产业发展等领域的重大任务和重点项目。

案例分析:浙江宁波统一打造红色文化名镇(村)。

图5-7 余姚市梁弄镇

梁弄镇位于浙江省宁波市余姚市南部山区,古称"梁冯",由于弄堂多,后改称为"梁弄"。抗日战争时期,梁弄是全国十九块抗日根据地之一——浙东(四明山)抗日根据地的指挥中心,素有"浙东延安"之称,是浙江宁波统一打造的红色文化名镇。浙江省宁波市发挥组织优势,统一以"一镇(村)一主题"为原则进行重点打造,结合美丽乡村建设、全域旅游示范区建设等,挖掘红色文化元素,创新红色场景建设,在全市打造一批红色文化名镇(村),并探索"红色+民俗""红色+生态""红色+古色"等发展模式,将一批红色名村打造成国家级与省级红色教育基地。

第六章　芳华家园建设攻坚
——川渝石窟寺国家遗址公园建设问题探析

川渝石窟寺国家遗址公园建设过程中，既要面对广大石窟寺及摩崖造像的病害，也要面对川渝石窟寺国家遗址公园文化属性、生态属性、文旅属性发挥的作用，还要面对川渝两地协同推进建设的体制机制效用，涉及内容多、范围广，面临的问题亦较多。本章对川渝石窟寺国家遗址公园建设可能存在的问题进行分析，也是对公园建设路径的一种考量和探索。

第一节　川渝一体化协同推进管理有待强化

一、川渝石窟寺保护规划尚有待完善

石窟寺保护利用规划可有效指导石窟寺的保护、研究、管理与展示利用，是贯彻习近平新时代中国特色社会主义思想的重要措施，为石窟寺的规范化管理和可持续发展提供有力保证。由国际古迹遗址理事会中国国家委员会制定的《中国文物古迹保护准则》，是一份既体现国际文化遗产保护原则，又具有中国文化特征的文化遗产保护标准性文件，于2000年正式颁布，并在2015年进行修订，其第九条内容明确说明："文物古迹的保

护工作总体分为六步,依次是文物调查、文物评估、确定各级保护单位、制订保护规划、实施保护规划、定期检查规划。原则上所有文物古迹保护工作都应当按照此程序进行。"2002年,国家文物局发布了《全国重点文物保护单位保护规划编制审批办法》和《全国重点文物保护单位保护规划编制要求》,自此中国的文物保护单位保护规划进入集中快速编制期。

但是,目前石窟寺保护规划仍存在两方面问题。一方面,仍有大部分石窟寺急需编制保护规划。据统计,截至2016年10月,石窟寺及石刻保护规划编制完成并通过国家文物局评审的有82项(占比30.6%),另外186处(占比69.4%)石窟寺及石刻类国保单位未编制规划或规划尚未编制完成或尚未通过评审[①],没有完成保护规划编制的占比较大。截至目前,重庆市的195处各级文物保护单位中,有10处批准公布文物保护规划,有81处正在编制文物保护规划,有104处尚未编制文物保护规划,占未编制保护规划的53.33%;仅个别大型石窟编制保护规划,总体规划数量较少,重要石窟寺未全覆盖,市级以上重要石窟寺急需编制保护规划,以加强石窟寺整体保护。

另一方面,部分已编制规划的石窟寺仍需要完善。虽然,目前全国有规划编制需要和条件的大型石窟寺,基本上都已经完成了保护规划的编制,对有些石碑、经幢等体量较小、保存环境简单、管理难度不大的中小石窟寺,通常就不需要编制保护规划。但是,对于大足石刻、乐山大佛、安岳石窟、广元千佛崖、邛崃石窟等大型石窟寺及石刻,虽编制有专门的保护规

---

① 张荣.中国石窟寺保护规划分析研究[J].中国文化遗产.2018(04):49-60.

划,但部分已编制公布的保护规划亦需结合地方政治、经济情况进一步进行切实可行且有前瞻性的修编完善,从宏观角度帮助石窟保护利用者设立好保护、利用的任务书。通过有序的规划实施,才能让文物最大程度地发挥社会效益。

二、川渝石窟寺人员配置尚有待优化

虽然川渝地区石窟寺所在地都成立了文物保护机构,但各地文物保护机构级别及体量不尽相同,机构之间缺乏沟通机制和制度保障,有的石窟寺文物保护机构之间还存在一定合作壁垒,使得石窟寺管理机构整体水平不高。同时,两地文物保护专业人才队伍差异明显,普遍存在编制短缺、管理人员缺乏、岗位设置不足、专业人才匮乏等具体问题。

具体来看,重庆方面,调查发现,重庆市36个区县的石窟寺管理机构中,1家为副厅级、4家为正处级、28家为正科级、1家为副科级、2家为股级。全市保护管理机构核定编制593人,其中研究生72人(含博士研究生2人),占编制总数的7.6%;本科学历339人,占编制总数的35.9%;专业技术人员346人,占编制总数的58%。但管理国家级文物保护单位的5家管理机构人员编制共计515人,专业保护技术人员共计112人,占编制总数的21.7%,比例偏低,且专业技术人员主要集中于几个大型管理单位,部分单位根本无专业技术人员,造成最基本的文物日常保养维护都无法完成。如大足石刻研究院通过"一院一策""一事一议"等措施引育人才,已基本形成一支专业、职称分布较为均衡的文保科研队伍。但是,由于文物事业所需人才种类多、人才培育周期长等原因,使之在队伍建设方面存在诸多问题,具体为:行业领军人物少,优秀专家、科技骨干等优秀人才占专业技术人员总数的比例不高；学科配备不齐，文物保护修复、数字化技术、高层次管理等专业人才还比较缺乏；人才队伍结构失衡，梯度不够合理，且存在偏老龄化等问题。人才短板甚至致使某些文保科研工作出现一定延滞，向外部拓展时更显得捉襟见肘。

四川方面，某景区管委会专门从事保护的机构分设了4个，导致保护力量分散。某石窟研究院，目前编制数为13人，且专业性不够强。某地级市6个文物局总人数40人，各局平均不足7人，除财务、办公室等人员外，各局直接从事文物保护者仅1—2人，毕业于考古、文博、历史等专业的人员数量少（不足7%），学历层次整体偏低（专科及以下近55%），流失现象十分严重（流失率70%），部分单位近十年内未能公招或引进专业人才；某市级文物局还无高级职称岗位，且中级岗位普遍缺乏，人员晋升困难，一些人员在初级岗位长达十余年，队伍断档、青黄不接的现象较为普遍。

三、川渝石窟寺立法保护尚有待加强

目前，除《中华人民共和国文物保护法》《世界文化遗产保护管理办法》等法律法规对石窟寺依法保护提供法治保障外，重庆市仅针对大足石刻出台一部保护条例，即《重庆市大足石刻保护条例》；四川省也仅有乐山、资阳、巴中三地出台相关保护条例，即《乐山大佛世界文化和自然遗产保护条例》《资阳市安岳石刻保护条例》《巴中市石窟保护条例》，且在执行过程中存在宣传深度不够、执行不力等问题，各地地方立法保护情况不容乐观。

比如，个别地方宣传重点只针对国家级文物保护单位、省级文物保护单位等重点单位，对区县级文物重点地区的镇街、社区、学校及相关部门宣传力度有限，对依法保护理念的宣传普及不够深入，对村社、企业等在内的单位和群众进行依法保护宣传的广度和深度有待进一步强化。调查了解到，《重庆市大足石刻保护条例》《乐山大佛世界文化和自然遗产保护条例》等除宝顶石刻景区、乐山大佛景区辖区内的机关干部、社区干部及群众、学校师生对条例了解较多，其他地方干部、群众、师生都知之甚少。普通群众很少能够有意识地参与文物保护的具体行动，社会大众广泛参与文物保护的局面还没有形成。《重庆大足石刻保护条例》中规定，鼓励自然人、法人或者其他社会组织通过设立大足石刻保护社会基金等方式参与大足石刻保护工作，但截至目前尚未设立相关基金；《巴中市石窟保护条例》中规定，鼓励组织和个人通过捐赠赞助、技术帮助、志愿服务等方式依法参与石窟保护工作，但由于各种原因没有获得捐赠赞助设立基金。

第二节 川渝中小石窟寺保护管理亟须提质

一、石窟寺病害问题亟须重视

川渝地区石窟寺多数建于野外，并且主要为砂岩质地，危岩、表层劣化、生物侵蚀、渗水等问题，既是川渝石窟共性病害，也是其保护存在的重大难题，特别是以雨水的直接侵蚀破坏和诱发的生物破坏为主。近十年来，川渝两地以开展石窟寺抢救性保护、排除重大险情为主，相继实施抢险加固工程、渗水治理工程、本体保护工程、保护设施工程、消防（安防、防雷）工程等，已实施的保护工程基本排除了市级以上石窟寺文物保护单位重大险情，文物保护状况明显改善。但是，调研发现，部分中小型石窟寺仍然存在险情，病害主要包括结构失稳、风化、水害、生物病害、自然灾害和其他病害。

比如，据2021年四川省石窟寺（含摩崖造像）专项调查报告显示，四川区域石窟寺（含摩崖造像）存在结构失稳的有833处，占比39%，存在水害的有1384处，存在生物病害的有1574处，如乐山大佛的脸部、胸部经年累月遭受雨水的淋漓、冲刷留下水渍的痕迹，安岳卧佛摩崖造像渗水问题突出，而位于甘孜、阿坝、凉山和川北地区的84处石窟在冬季还可能存在冻融破坏风险，资中重龙山摩崖造像保护条件差，雁江区半月山大佛赋存环境破坏严重等问题。

图6-1 安岳石窟华严洞造像金层劣化、毗卢洞造像水害侵蚀

重庆方面，目前全市石窟寺病害情况为结构失稳263处，风化663处，水害445处，生物病害506处，自然灾害13处，彩绘病害、金箔病害、泥补塑体病害及烟熏等其他病害252处。其中，存在结构失稳病害的石窟寺占比35%，存在重大险情的有36处，涉及大足石刻、潼南大佛寺摩崖造像等国家级文物保护单位，市级文物保护单位8处，区级文物保护单位15处。重庆

市石窟寺风化病害普遍存在，有663处存在风化病害，占总量的92.6%；有60%存在水害，有70%存在生物病害，有35.2%存在其他病害。各种文物病害相互叠加、相互作用，对治理技术要求高，治理难度大，保护形势较为严峻。

二、石窟寺安防建设亟须完善

石窟寺安全保卫工作是保证石窟寺安全的重要保障，是加强石窟寺风险监测与防控和安全管理工作的重要手段，可以有效地防范和化解石窟寺潜在的风险。

调查发现，重庆市36个区县中，12个区县的文物管理单位设置有安全保卫机构，总计配置安保人员413名（含249名文保员）；其余24个区县未设置，主要聘请义务文物保护员负责辖区石窟寺安全管理，当地政府履行安全属地管理职责，实施文物巡查制度。此外，石窟寺因其体量宏大、价值突出，又多分布于地质条件复杂的野外地区，除有石刻文物、古建筑外，还有茂盛的植被，对安全保卫工作有较大的"三防"（安防、消防和防雷）建设需求，但调查发现，11处市保还未建设安防系统，有消防系统建设需求的仍有346处，有安防建设需求的有288处，很多地方存在诸多潜在风险，易出现安全问题，不利于文物的保护管理。四川现有文物保护及修复技术人员不足200人，与四川文物大省身份很不匹配，其中四川安岳县10万余尊石刻造像仅配备文管员61位，除了5个开放景点外，其他35处文保单位文管员平均年龄超过60岁，由于收入低，人才还在不断流失。

三、石窟寺系统保护亟须提升

保护文物就是保护中华民族过去辉煌的历史和文化。川渝地区的石窟寺主要分布在四川盆地周围的山间河谷，其中嘉陵江、沱江、岷江三江流域包括了川渝地区大多数石窟寺。作为地质环境相似、病害共性、造像类型及艺术特征关联性高的区域石窟群，除大型石窟外，其余石窟较少开展系统保护，大量中小石窟只开展过抢险维修或临时支撑保护，未能根本解决重大险情隐患。如，巴中市县级文保单位，由于缺乏维保资金，目前只能做到抢救性保护或临时保护。

图6-2　资阳市忠义镇骑龙坳唐代大佛被重绘

同时，由于思想认识不到位，个别川渝石窟寺所在地城市建设中，法人单位不经过文物保护和勘探调查就擅自开工，文物保护单位的保护范围被侵占破坏等问题偶有发生，城市发展和国土空间规划不能为文物保护让路的现象依然存在，顶层设计规划不完善，依法保护石窟寺的意识和理念还比较欠缺。各地区石窟寺保护缺乏统一系统的科学指导，修复材料选用与工艺技术不科学、不严谨，造成石窟寺的保护性破坏，个别石窟寺造像还遭遇"毁容式修复"。如安岳、资中、荣县等地就出现当地老百姓自发"彩绘"的乱象,给石窟寺保护和修复工作带来极大的负面影响。

四、石窟寺资金投入亟须加大

由于川渝地区石窟寺多分布于经济条件相对落后的偏远地区,石窟寺所在地在石窟寺保护方面或多或少面临一些保护资金不足的问题,特别是基层文物保护资金缺乏,使得部分石窟不能从根本上消除病害根源,只能进行一些简易的抢救性维修或临时支护,保护效果仍然不佳。据统计,"十二五"期间,川渝两地从中央财政获得的石窟石刻保护专项资金仅2.97亿元,重庆与四川两省市财政下拨的石窟石刻保护专项经费仅有0.35亿元,存在巨大缺口[1]。目前,如巴中市级财政年度文物保护资金预算仅20万元,各区县不足10万元,无石窟寺保护专项资金,导致市县级石窟的保护仍停留在防止盗窃、毁坏或应对较小自然灾害等基础保护上,修缮、展示利用及重大项目前期工作等难以有效开展。夹江县自2019年起将文物保护安防经费87万元纳入财政预算,但由于县级财政资金困难,文物保护经费无法及时拨付到位。同时,随着旅游行业的发展,川渝石窟寺影响进一步扩大,而引导社会力量参与石窟寺日常保护和有序利用的程度不深、探索不多[2]。

---

[1] 谢振斌等.川渝石窟保护利用的现状与思考[N].中国文物报.2017.
[2] 孙琳.加强川渝石窟寺文物管理的法治化路径研究[J].重庆行政.2022(05):58—61.

第三节　石窟寺考古研究的展示与阐释有待深化

一、石窟寺"全要素"考古方面尚有待深入

石窟寺除窟龛、造像本身外,还包括石窟建筑、寺院遗迹、僧俗墓葬、碑刻题记、交通路网、寺产僧田等关联要素,这些"全要素"是宗教遗存的集合体,也是石窟维修保护工程应当整体考虑的全要素保护理念。对于推动石窟寺"全要素"保护和展示有几个方面的作用,比如通过建立龛窟造像与周边多要素之间的联系,有利于完整、真实、系统呈现石窟寺价值内涵;通过展现石窟寺全要素体系,能够促进石窟寺整体化、全面性保护;通过揭示石窟寺的发展变迁规律,能够助力石窟寺科学保护和多样性展示。重庆市文物考古研究院院长、重庆文化遗产保护中心主任白九江认为,石窟寺考古是开展全要素科学规划的重要前提,石窟寺的保护规划应以全面调查、勘探为基础,再确定石窟寺本体要素和范围,借此完善科学规划,而实现石窟寺全要素保护的最佳路径是建设遗址公园。上海师范大学张得煊教授在石窟寺保护国际论坛上讲道:"石窟寺考古可以完整地揭示石窟寺的功能布局、建筑形态、空间结构及其与周边环境景观的联系,为开展石窟寺的全要素保护提供真实载体。"但是,当前川渝石窟寺考古极少建立龛窟造像与多要素之间的联系,未能充分展现石窟寺全要素体系。如何以川渝石窟寺国家遗址公园建设为契机,实现石窟寺全要素保护,进而促进石窟寺整体化、系统性保护,是今后需要做的重点工作之一。

二、石窟寺展示利用方面有待完善

川渝地区层级较高的石窟寺，例如大足石刻、乐山大佛已经有较好的展示利用基础，如大足石刻8K球幕影院和4K宽银幕影院、大足区孝廉文化实践教学基地、乐山大佛灯光秀等。但总体来看，没有总体展示规划，分散的石窟寺资源缺乏有效整合，尚未形成统一的石窟文化特色旅游线路与石窟展示廊道，甚至大型石窟或区域性石窟也缺乏展示空间与向外传播的途径[①]。整个川渝地区石窟寺价值挖掘与阐释的广度、深度，以及各层级石窟寺间的关联关系研究较少，文化内涵、艺术特色与价值定位，以及与北方石窟之间的关系等未能系统地向国内外公众展示和阐释。石窟寺展示利用工作推进的力度和系统性均不够，这严重制约着川渝石窟寺整体打造、个性展示、充分利用模式的构建。对于川渝地区中小石窟寺，与全国大多数地区情况一样，更是展示手段、展陈方式单一，甚至相关展陈配套设施也有待提升，吸引社会力量参与石窟寺保护利用的能力差，文化创意、IP授权、文创品牌、科研成果转化渠道拓宽力度不足，部分石窟寺处于无序旅游状态[②]。这些因素导致川渝石窟寺自身造血功能不强，既不利于石窟寺的保护利用，也难以充分发挥其应有的价值。而大型石窟寺仍需要基于数字技术继续加大并创新展示利用新模式，引领中小石窟寺加大展示利用，以便更加准确全面地展示中华优秀传统文化，实现创造性转化和创新性发展。

[①] 谢振斌等.川渝石窟保护利用的现状与思考[N].中国文物报.2017.
[②] 郭青林，黄井镜等.甘肃省石窟寺保存现状与对策研究[J].石窟与土遗址保护研究.2022，1（02）：4-17.

三、石窟寺深度研究方面有待加强

川渝石窟寺研究目前已取得一些可借鉴的科研成果，如以川渝石窟文化为研究主体的大足学学科，大足石刻研究院已与高校合作共建四川美术学院大足学研究院，以及浙江大学、四川大学、南京师范大学"大足学研究中心"等，联合培养专业人才。但是，川渝石窟寺仍在诸多方面需要深入研究。川渝石窟寺多维度价值、共性的挖掘不够深入广泛，多学科交叉融合、系统化研究的深度不足，与巴蜀文化旅游走廊、长江经济带的关联关系及文化交融的研究尚在探索。石窟寺产学研用深度融合的文物科技创新体系的环节中仍未能有效衔接，并且大多数科技成果转化推广仍趋于浅层次，对于南方潮湿环境下的石窟寺相关保护示范引领作用明显不突出。石窟寺保护基础理论研究和关键瓶颈技术亟待攻关，一些基础性研究成果悬而未决，无法完成有效的转化支撑。部分重点石窟寺的考古报告工作相对滞后，部分石窟寺调查、维修报告编写不规范，调查简报、内容总录和图录作为阶段性成果不能反映石窟全貌。一些成果与实际生产需求有一定脱节现象，一些成果跨学科融合不够，在转化时需要再进行新周期的多学科融合应用实验等。

第四节　川渝石窟寺的文旅价值亟须挖掘

一、文脉价值亟须挖掘

石窟寺蕴含着丰富的文化内涵，从中可以看到佛教、道教、儒教等不同文化的融合，是中国传统文化的重要载体。川渝石窟寺作为川渝旅游业发展的重要资源，其历史文化底蕴厚重，是挖掘文旅价值、实现文旅融合发展的重要基础。需将各地特有的石窟寺文化特征作为文旅产业定位的重要参考，深入挖掘其生活保障、社会养成、商业增值、景色观赏、消费场景、文化创意等方面的价值，促进文旅深度融合[①]。但是，川渝两地对石窟文化价值挖掘不够，利用水平不高。如重庆市大足区已出版《大足石刻全集》，敦煌、云冈、龙门、大足均开办有相关学术刊物，而四川省资阳市仅安岳县出版了《卧佛院、圆觉洞考古调查报告》，未开办学术刊物。此外，川渝两地还未能重新整合石窟寺文化精神的融合性和多元性，未能充分探索出石窟寺的历史文化价值与现代旅游产业发展的多元融合路径。比如，故事讲得还不够，作为重庆唯一的世界文化遗产，大足石刻拥有深厚的文化底蕴，但在现有的旅游项目上，却没有把故事讲够、讲透，没有充分展示好中华优秀传统文化的魅力，对游客吸引力有限。乐山大佛运用文化资源不足，还未充分把新兴技术与文化场景结合，为游客提供沉浸式的新体验方式[②]。

二、地脉价值亟须挖掘

川渝石窟作为川渝两地重要的旅游资源，还承载了地区的精神内核，是当地居民情感的重要依托和体现，更在传递区域价值的过程中发挥着重要作用[③]。在开发石窟文旅资源的过程中，要突出其浓厚的地域特色和文化艺术、民俗风情、历史遗

[①] 张倩.云冈石窟的文旅价值与内生融合模式分析[J].西部旅游.2023（19）：49-51.

[②] 罗雪滢，赵婧.文旅融合背景下乐山旅游沉浸式体验研究[J].市场周刊.2022，35（10）：78-81.

[③] 张倩.云冈石窟的文旅价值与内生融合模式分析[J].西部旅游.2023（19）：49-51.

迹、饮食娱乐等人文景观资源特点，通过讲述石窟故事、地方故事，让游客体会到石窟寺蕴藏的独特魅力[①]。如2024年春节，川渝共推了一条石窟石刻主题游精品线路，为重庆市南川区（千佛洞）→合川区（涞滩二佛）→潼南区（大佛寺）→大足区（宝顶山石刻、北山石刻、石门山石窟、南山石窟、石篆山石窟）→四川省资阳市（安岳石刻）→内江市（灵芝岩—石门寺摩崖造像）→自贡市（荣县大佛）→乐山市（乐山大佛）→成都市（大邑县药师岩摩崖造像）→绵阳市（卧龙山千佛崖摩崖造像）→广元市（千佛崖摩崖造像），不仅让游客整体感知了川渝石窟艺术的特色魅力，还体验了川渝风土人情、美食美景。再如，重庆渝北区、涪陵区、大足区与四川眉山市联手推出了一条巴蜀文化旅游精品线路，包括研学之旅（大足石刻）、康养之旅、温泉之旅、美食之旅等，既让游客体验了文化盛宴，又了解了地方特色。但是，这类结合地域特色和石窟寺文化资源开发的精品旅游线路不多，遗址公园建设中还需要重点结合实际进行谋划。

三、商脉价值亟须挖掘

在推动川渝石窟寺文旅融合发展的过程中，经济效益是实现文旅融合发展的重要基础，在商脉价值中构建川渝石窟寺独有的旅游品牌体系，实现川渝文化旅游品牌升级，不断满足现代游客不断增长的精神文化需求。但是，目前川渝石窟寺旅游产品是典型的观光旅游，仅大足石刻、乐山大佛"一枝独秀"，

[①] 李如玉. 中国世界文化遗产地的研学旅行实践研究——以平遥古城和云冈石窟为例[D]. 济南：山东大学，2021.

其他资源还未形成广受市场欢迎的旅游产品，如安岳石窟，虽依托丰富的石窟资源打造了一批旅游项目，但由于石窟分布过于分散及其他多方原因，使得开发建设进度相对滞后，旅游项目并不能满足游客多样化的需求。同时，旅游产品单一，如大足石刻中的服饰、古扇、饰品、兵器、歌舞、修行养生、菩萨职能及石刻与五金的关系等，这些与百姓日常生活息息相关的传统物品都是很好的文创素材，可惜未能合理开发，未能规模化投入市场。此外，宣传营销机制不灵活，营销方法仍然陈旧，新媒体、新兴手段采用仍然较少，如"我在故宫修文物""敦煌的女儿"或"淄博烧烤""南方小土豆"等引爆市场的营销点还未突破，导致整体宣传营销效果不佳，有计划的全方位、多角度、立体式宣传营销不充分，宣传效果不好，文化遗产知名度普遍不高。由此，随着川渝石窟寺国家遗址公园建设的起步，文旅融合产品的开发，让文物活起来的方法、途径还需进一步探索，以石窟寺为主要项目的旅游环线、协同发展区建设还需要进一步探索。

第五节　石窟寺与乡村振兴的互动融合须更紧密

一、乡村石窟寺开放程度不高

加强中小石窟保护和活化利用，开放是重要的一步。通过开放具有突出价值和具备开放条件的石窟寺，让中小石窟"活"起来，合力推动乡村产业振兴、文化振兴、生态振兴、人才振兴、组织振兴，助推乡村振兴战略。近年来，重庆市将中小石窟保护纳入乡村振兴体系建设中，实施了南岸大佛寺、合川龙多山、潼南万佛寺、江津石佛寺、荣昌刘家庙等20多处中小石窟保护利用示范工程和考古发掘研究工作，将中小石窟保护利用与乡村文化建设、乡村道路建设、石窟环境整治、保护利用基础设施建设、文物病害治理等融为一体，整体规划，统一实施，取得了显著成效。但是，目前中小石窟开放不多，展示利用程度不够。比如，大足石刻最集中的宝顶山石刻、北山石刻、南山石刻、石门山石刻、石篆山石刻"五山石刻"中，近期才正式向游客开放；四川开放的石窟有乐山大佛、广元千佛岩、南龛石窟、邛崃石窟等，绝大多数石窟都未开放；巴中石窟除了南龛开放之外，其他石窟几乎很少开放。

二、乡村石窟寺试点建设不够

为了让更多散落于乡野的中小石窟寺得到更好的保护，实现文物的活化利用，川渝两地持续在行动。2023年2月，四川省印发《四川乡村石窟文化公园（景点、微景观）建设工作方案》《四川乡村石窟文化公园（景点、微景观）认定管理办法（试行）》，从众多中小石窟寺中首批选择梓潼卧龙山千佛岩摩崖造像、成都大邑药师岩摩崖造像等9处开展试点建设，积极探索一条具有四川特色的中小石窟寺保护利用之路。重庆方面，大足区准备将一些中小石窟纳入乡村旅游点，通过以石窟寺为中心新建人行步道、公厕、院坝、休闲桌椅等，培训一批村民讲解员，为当地居民开展文化活动提供场所。将散落在田间乡野的文物保护单位纳入试点建设，实现让小型石窟有人管、有经费、有利用，为石窟资源保护工作带来了新的机遇。但是，相较于川渝两地近3000处中小石窟，以上试点数量还远远不够，县级石窟文物与乡村振兴融合发展的路子还应继续拓宽。

三、乡村石窟寺带动发展不足

随着中小石窟的保护修缮，人行步道、旅游厕所、安防设施、价值阐释牌等基础设施的配套建设，其蕴含的旅游价值属性也将得到进一步释放。各区县可围绕乡村振兴，以各处石窟寺造像群为原点，串联起镇街打造沿线农业、旅游产业，不仅让石窟寺有了新家，为当地村民提供了一处文化休闲空间，也吸引了不少周边自驾游客慕名前往，参观打卡。比如，"十四五"期间，随着国家加大对中小石窟的保护力度，重庆市大足区率先在全国开展中小石窟保护工作，按照"保护棚建设特色化、安防监控集中化、价值阐释规范化、开放利用便民化、探索创新建设乡村遗产公园"的具体要求，完成项目建设21处，有的地方甚至打造"品石刻、赏春花"乡村旅游环线项目，大力发展柑橘、油菜等特色产业，带动乡村旅游经济发展。探索将中小石窟保护与乡村振兴工作有机结合，特别是产业振兴工作，是一条对政府、村民、游客、石窟寺都是多赢的路径，也是一条有效释放文物资源活力，助力建设高质量川渝石窟寺国家遗址公园之路，今后还需要进一步推广扩充。

第七章　芳华家园建设补遗
——川渝石窟寺国家遗址公园建设的补充建议

川渝石窟寺国家遗址公园建设蓝图正徐徐展开，一个事关中小石窟更好地保护利用的约定正逐步实现。统筹整合川渝石窟寺资源，打破行政壁垒，联手石窟保护，感受石窟魅力，擦亮川渝文化名片，高标准建设川渝石窟寺国家遗址公园，让历史文脉不断延续，让文化自信更加坚定……川渝两地正以切实的行动不断让想法变成现实。本章内容主要是提出川渝石窟寺国家遗址公园建设建议，具体围绕建设体制机制、保护管理、研究阐释、展示利用与传承发展、文旅提质、乡村振兴战略耦合等共6个部分进行阐述，以供读者及相关研究人员参考。

第一节　完善川渝一体化建设的体制机制

一、推动布局一体化

坚持规划引领。规划是行动的先导，要规划先行，一任接着一任干、一锤接着一锤敲。通过衔接《"十四五"文物保护和科技创新规划》《巴蜀文化旅游走廊建设规划》《"十四五"石窟寺保护利用专项规划》，以及成渝地区双城经济圈建设、长江经济带和长江国家文化公园建设保护等，编制并认真落实《川渝石窟寺国家遗址公园总体规划》。充分融合巴蜀文化旅游走廊"三带、七区、多线"空间布局和主要任务，突出川渝文物活化利用重点，积极争取将川渝石窟寺国家遗址公园重要项目纳入巴蜀文化旅游走廊建设重点和创新示范，通过建设核心园区、文化景点、微景观，不断形成体现中国南方石窟寺文化艺术特色的文旅品牌。积极争取将川渝石窟寺国家遗址公园重要项目纳入长江国家文化公园重点项目库，推动各级石窟寺文物划定保护范围并纳入管控保护区，统筹开展石窟寺文物相关保护传承、研究发掘、环境配套、文旅融合和数字再现工程。如，江津石佛寺遗址补充纳入重庆长江文化标识等。按照《全国重点文物保护单位保护规划编制审批办法》要求，有序组织保护规划的编制和修编工作，推动尚未具备保护规划的国保单位编制保护规划，已完成的保护规划尽快公布实施，石窟寺资源富集区县在《川渝石窟寺国家遗址公园总体规划》框架下编制本辖区内石窟寺国家遗址公园规划、实施方案等。

优化国土空间功能布局。推动将川渝石窟寺国家遗址公园核心园区纳入四川省、重庆市国土空间规划体系，作为以石窟寺为主要构成的"文物资源密集分布区"。结合川渝相关市区县"三区三线"空间进行统筹划定，探索推动文物资源密集分布区与国土空间规划衔接，积极为石窟寺文物的空间管控需求争取法定依据和指标倾斜。从文物保护利用角度明确空间管控和发展要求，统筹考虑文物安全缓冲、风险管控、区域生态保护、文旅发展等需求，推进建立多部门参与文物保护利用与文旅发展、区域生态修复和灾害防治等的协同管理机制，并与主体功能区定位优化工作良好衔接[①]。

二、实现项目一体化

坚持项目一体推进，才能确保公园建设各环节有效实施、建设资源集约高效利用，使公园建设目标由蓝图变实景。按照川渝石窟寺国家遗址公园整体空间框架，细化落实推动川渝共建石窟寺类文物保护利用示范区、川渝石窟保护研究中心、川渝石窟保护利用科技创新基地、川渝石窟保护研究联合实验室和南方石质文物保护科研基地等共建项目，深入推进大足石刻、乐山大佛、安岳石窟、荣县大佛、夹江千佛岩等重点石窟寺保护利用项目，以及公园核心园区、文化景点、微景观规划建设项目有效落实。如，支持大足、安岳共同创建川渝石窟寺国家文物保护利用示范区，形成川渝石窟寺国家遗址公园"重点发展极"；争取将具备条件的安岳石窟作为补充项目纳入大足石刻世界文化遗产。共同开展一批产学研用联合的科技保护和研究性保护示范项目，共同推进"石窟文物研学"和非遗技艺活态传承，推出石窟寺文物跨省主题线路精品示范段。同时，遵循"省级统筹、整体谋划、地方实施"原则，研究出台核心园区、文化景点、微景观等的创建和管理办法，建立完善核心园区、文化景点、微景观等创建清单，按照"成熟一个、创建一个"的思路，支持各市区县结合实际申报立项并开展创建，评定通过后可获得相应挂牌并定期评估。

三、实行组织一体化

两地相关单位加强沟通对接和工作衔接，是公园建设的重

[①] 参见《川渝石窟寺国家遗址公园（重庆片区）总体规划》。

要组织保障。正式印发《川渝石窟寺国家遗址公园规划》后，推动川渝两地宣传、发改、财政、文旅、文物、教育等部门联合组建川渝石窟寺国家遗址公园建设专项工作组，每年定期召开专项工作组联席会，研究公园建设中涉及的统筹协调、保护研究、传承利用、品牌打造、文旅发展等方面存在的问题和措施，以及年度工作情况和来年的工作思路。推动两地设立石窟寺专业委员会、组建石窟寺文物保护专家智库，借助石窟寺保护国际论坛等会议活动，邀请石窟寺保护管理机构、科研机构、考古院所、高校等代表参会讨论，促进石窟寺保护利用学术研究和经验交流。加强两地人才交流，借助三峡之光访问学者、川渝互派等人才项目，实现石窟寺保护、研究、利用人才互派挂职，推动两地文博领域技术联姻、项目合作、经验交流。

建立多部门协同联合工作机制，推动建立以文物、文旅部门牵头，宣传、发改、财政、农业农村、交通、住建、自然资源、生态、教育等部门联合的工作机制，强化在政策制定、规划统筹、项目谋划和督导实施等方面工作协同和信息共享。其中，由文物部门负责总体协调，指导规划编制、统筹文物保护管理工作；文旅部门负责文旅融合设施建设、产品供给和服务提升等相关工作；宣传部门做好总体指导，负责品牌塑造和文化传播工作；发改、财政部门负责对接好项目和资金申报；农业农村部门负责对乡村文化传承、相关基础设施建设等项目进行支持；交通部门负责道路交通建设的统筹支持；住建部门重点做好名镇名村、传统村落、城镇化过程中石窟寺文物保护的工作协同；自然资源部门负责国土空间规划衔接相关工作；等等。

四、开展宣传一体化

共建川渝石窟宣传推广平台。平台是当今社交媒体的一种重要形式,成为文化和旅游推广的重要渠道。以川渝石窟寺数字资源库和两地主流媒体平台为基础,共建川渝石窟寺国家遗址公园公众号,实现与市区县融媒体平台、国家文化公园等综合门户网站和"智游天府""惠游重庆"等文旅专业平台的相互链接和信息互动,通过微信公众号、微博、抖音等社交平台形成线上展示传播新阵地。充分发挥"巴蜀世界遗产联盟"和"巴蜀石窟文化旅游走廊联盟"作用,支持成都、眉山、巴中、万州、铜梁、潼南等更多石窟寺资源丰富的文物保护管理单位加入,举办"石窟寺+"设计日、文化周、博览会等覆盖广泛且能够获得资源的传播活动,推动石窟艺术抱团发展、共建共享、合力宣传,不断提升川渝地区遗产和石窟寺文化的知名度和影响力。

共推川渝石窟寺主题 LOGO 和标识系统。设计及布局良好的主题 LOGO 和标识系统,代表公园整体形象,不仅能给游客提供必要的道路指引,也是视觉传播的重要窗口。通过设计推出川渝石窟寺国家遗址公园主题 LOGO 与标识系统,在四川、重庆各个核心园区、文化景点、微景观中统一安装使用,顺势推出系列文创产品、宣传视频、创意标语等视觉形象识别系统,可以线上线下统一使用,既可强化公园建设的整体性,又可实现视觉形象整体化、专有化、规范化,还可提升知名度和辨识性,强化品牌效应。

共塑川渝石窟寺"文旅CP"[①]。文旅"抱团"发展应运而生,

---

① "CP"英文名:Coupling,有配对之意。

在交通相连、文化相通、民俗相近的毗邻地区，文旅"抱团"发展势在必行，也大有可为。围绕川渝石窟寺主IP[①]，大足石刻、安岳石窟、乐山大佛、广元千佛崖等分IP，以"安逸四川 巴适重庆"文旅品牌为基础，"宽洪大量""'资'足常乐""七星揽月""点石成金"等跨省组合文化标识为示范，围绕"佛""观音""巴中""眉山""蒲江""邛崃""潼南""合川"等题材，鼓励川渝广泛组建区域间及景区景点间的川渝石窟寺"文旅CP"。在品牌联播、市场营销、产品互推、游客导流等领域[②]，结合5G智联等先进的科技手段，以视频展播、连线直播、联票优惠等新颖的展示传播方式，讲好川渝石窟寺的文化内涵和精彩故事，实现信息互通、客源互送、品牌共推，不断彰显具有国际范、中国味、巴蜀韵的川渝石窟寺的独特魅力。

第二节 提升石窟寺保护管理水平

石窟寺保护管理工作是一项系统性、整体性、复杂性的工程，也是一项"绣花"工程，它不仅涉及考古、历史等人文科学，也涉及建筑学、工程地质学、材料学、生物学、化学等自然科学。石窟寺保护修复工作，不仅要与时间赛跑，更要运用多种科技手段，强化多学科联合攻关。随着川渝石窟寺国家遗址公园建设，川渝石窟（石刻）的保护寄望于当代发力，要坚持"保护第一、加强管理、挖掘价值、有效利用、让文物活起来"的

---

① "IP"英文名：Intellectual Property，指一种独特的、有价值的、被广泛认可的作品或概念。

② 参见《川渝石窟寺国家遗址公园（重庆片区）总体规划》。

新时代文物工作方针,不断为石窟寺保护管理创造新局面。

一、大力实施石窟寺本体修复工程

针对涂金妆彩修复、烟熏清理、题记题刻保护修复、洞窟和塑像修复等分期分批推进专项试点,涂金妆彩修复建议以资阳安岳石窟(木鱼山摩崖造像、玄妙观摩崖造像等)、资阳困佛寺摩崖造像、巴中石飞河造像、南岸金紫山大佛摩崖造像、万州十龙门摩崖造像、丰都毛狗冲摩崖造像、潼南南龛寺摩崖造像、忠县木头崖造像等为试点;烟熏清理建议以巴中通江千佛岩石窟、资阳安岳石窟、渝中罗汉寺古佛岩摩崖造像、忠县临江岩造像、合川白塔坪摩崖造像等为试点;题记题刻保护修复建议以巴中南龛、雅安何君阁道碑、合川龙多山摩崖造像及题刻、潼南大佛寺摩崖造像等为试点;洞窟和塑像修复建议以内江重龙山摩崖造像、乐山大佛、大足宝顶山摩崖造像、大足北山摩崖造像、铜梁佛耳岩摩崖造像为试点。

同时,做好石窟寺文物日常保养维护工作,及时清理影响文物安全的杂草、苔藓、微生物群落等,保持石窟寺内外清洁卫生;及时发现并处理积水、漏水现象,保持排水畅通;及时填塞结构孔洞、自然裂隙,减少风力、鸟兽和灰尘的侵蚀污染;及时清理零星风化落石,必要时实施简易的支顶加固。

二、抓紧实施本体抢救性保护工程

系统进行文物风险评估,加强对确有险情的石窟寺,特别是中小石窟的抢救性保护力度,全面消除石窟寺重大险情。其中,重点解决高级别石窟寺的结构失稳隐患,尽快开展乐山大佛、乐山夹江千佛崖、大足宝顶山摩崖造像、大足北山摩崖造像、大足石门山摩崖造像[①]、合川涞滩二佛寺摩崖造像、潼南大佛寺摩崖造像等重要石窟寺的岩体加固研究和实施,以及资阳安岳茗山寺石刻、资阳安岳千佛寨摩崖造像、合川龙多山摩崖造像及题刻、潼南万佛岩摩崖造像、丰都关口摩崖造像、铜梁佛耳岩摩造像等中小石窟的抢救性保护工程,实施消落区石窟寺抢救性保护专项工程,研究论证迁移保护的必要性和可行性[②]。

三、分批实施、分类预防性保护工程

根据川渝石窟寺特点,选择不同岩石材质、地质地貌、气候环境下各类病害较具典型性的石窟寺为试点,重点针对风化、水害、生物病害等开展病害和环境风险的监测、分析、研究,条件成熟后有序开展保护修缮工程。如风化防护,建议以巴中南龛石窟、广元千佛崖石窟、资阳安岳石窟、潼南万佛岩摩崖造像、合川龙多山摩崖造像及题刻、忠县临江岩造像等为试点;水害防治,建议以乐山大佛、乐山夹江千佛岩石窟、安岳卧佛摩崖造像、大足北山摩崖造像、大足宝顶山大佛湾摩崖造像、潼南大佛寺摩崖造像等为试点;生物病害防治,建议以资阳千佛寨摩崖石刻、大足北山摩崖造像、忠县洞湾造像等为试点。

分级分类推进石窟寺文物及环境监测工作,逐步将国保、省(市)保及市区县级石窟寺文物纳入监测体系,推动建立川渝监测预警平台,加强对本体病害、自然灾害等风险监测和管理,形成"监测、分析、预警、决策、处置"的监测预警体系。加强对监测数据的研究分析,为保护管理措施提供数据支撑;扩大监测对象范围,实现重点石窟寺监测预警全覆盖;扩展监

---

① 具体指北山石刻168窟、结界造像、176—180号窟段、105—123号窟。
② 参见《川渝石窟寺国家遗址公园(重庆片区)总体规划》。

测指标体系，完善监测预警标准，加强保护状况定期评估，形成以监测促保护管理的文化遗产监测体系。

四、持续实施保护性设施建设工程

结合石窟寺文化景点、微景观建设，加强可行性研究论证，继续推进四川乡村石窟文化公园建设、大足石刻中小石窟保护设施建设项目第二期、第三期工程，建议以自贡吕仙崖摩崖造像、资阳高升大佛摩崖造像、南充观音岩摩崖造像、江津石佛寺遗址、潼南大佛寺摩崖造像、忠县观音庙造像、綦江鸡公嘴摩崖造像等为试点开展保护性设施建设示范工程；以巴中巴州龙门山石窟、广安灵宝山石刻、万州区十龙门摩崖造像等为试点开展保护性设施整治改造，重点在资阳市、广元—巴中、眉山—彭山、綦江区、渝中—南岸—江北区、忠县、万州区等水害、风化集中区域，整体推进中小石窟窟檐建设研究。此外，加强石窟寺保护研究与成果运用，以系统科学的方式解决渗水、风化等疑难问题，针对乐山大佛、广元千佛崖、南龛石窟、宝顶山摩崖造像、北山摩崖造像、弹子石摩崖造像、潼南大佛寺摩崖造像等重要石窟寺，开展科技保护综合示范工程。

五、稳步实施重要石窟寺安防工程

系统开展石窟寺安全风险评估，制定安全防范设施建设计划，并将其纳入各地政府工作计划，确保有序推进。分级分类制定安全防护标准和风险处置应急预案，落实石窟寺安全直接责任人公示公告制度，完善灾害险情监测预警、风险评估研判、灾情防范、受灾处置、信息报告、灾后修复等应急程序和处理措施，重要石窟寺配备安防消防、防雷防震设施，偏远石窟寺保证"人防＋技防"措施。重点推进成都大佛寺摩崖造像、自贡吕仙崖摩崖造像、内江佛尔岩摩崖造像、资阳高升大佛摩崖造像、眉山龙鹄山松柏之铭碑及摩崖造像、宜宾丹霞洞摩崖造像及石刻、达州紫云坪植茗灵园记岩刻、巴中巴州龙门山石窟、广安灵宝山石刻及古石桥、渝中罗汉寺古佛崖摩崖造像、江津石佛寺遗址、合川白塔坪摩崖造像、永川陈食佛崖寺摩崖造像、潼南大佛寺摩崖造像、武隆区大石箐石林寺石刻、北碚温泉寺石刻园、忠县临江岩造像、丰都关口摩崖造像、綦江石灰沟摩崖石刻等石窟寺安防工程。结合长江、嘉陵江、岷江、沱江、涪江、綦江沿线地质灾害治理、防洪等相关工作，加强渝中、南岸、江北、潼南、忠县、眉山、乐山、资阳、南充、巴中、广安等区域的石窟寺防灾减灾和安防设施建设。

六、全面实施石窟数字化保护工程

利用互联网、物联网、数字化等信息化技术，持续开展石窟寺数字化工作，特别是地处偏远、有灭失风险的低级别石窟寺"数字备份"抢救性收集工作，积极参与制定石窟寺数据采集、加工、存储、管理等方面的标准规范。实施"数字四川石窟行动""数字大足"等数字化工程，持续开展大足石刻、乐山大佛、南岸弹子石摩崖造像、广元千佛崖摩崖造像、钓鱼城摩崖造像、邛崃石窟、江津石佛寺遗址、蒲江石窟、合川涞滩二佛寺摩崖造像、大像山摩崖造像、瞿塘峡摩崖石刻等重要石窟寺壁画、彩塑、雕像、洞窟、摩崖石刻等数字化工作，做好罗汉寺古佛崖摩崖造像、大佛寺摩崖造像、尖子山摩崖造像等中小石窟寺基础性数字化工作，建立川渝石窟寺数字资源库，加强区域性石窟寺数字资源管理和共享，建设川渝石窟寺数字博物馆、川渝石窟寺数字展示中心等数字展示体验中心，实现区县级以上文物保护单位测绘留档，重要石窟寺数字信息采集。推动川渝两地共建智慧文博数据库与共享平台，建立健全石窟寺数字资源开放共享机制，梳理收录各类考古报告、测绘图纸、三维激光扫描数据、论文、著作等考古研究成果，开发一批石窟寺数字影视、数字雕塑、数字文创等数字化成果[①]，促进重要成果及时公布、共享和交流，为跨学科研究建立便捷的数据基础平台，推进南方地区石窟寺数字资源共享共用。

七、重视实施跨区域联合管控工程

加强与中国电信、中国移动、中国广电等的合作，结合"天网系统""雪亮工程"等，建设川渝石窟寺安全防护综合控制平台，以大足石刻安全技术防范中心为示范，推动成都、广元、巴中、资阳、潼南、合川、江津、忠县等石窟寺分布集中的地区设置区域性安全管理平台。建立健全"以大带小"管理模式，支持大足石刻研究院、乐山大佛石窟研究院加强石窟寺保护管理相关技术输出，以技术手册、业务指导、项目合作、专家共享等形式，带动川渝其他研究机构及各市区县石窟寺管理部门优化管理能力，对目前尚无有力管理机构的重要的中小石窟寺，鼓励逐步探索大型机构代管、托管、联合管理或分片协作管理等模式。建立完善跨区域、跨部门联合执法巡查管控制度，落实相关建设项目的文物影响评估和环境影响评估制度，限期治理保护区划内已有的违规设施和建（构）筑物，支持石窟寺资源集中分布地区出台针对石窟寺文物及周边历史环境风貌的

---

① 参考《四川省加强石窟寺保护利用工作实施方案》（川办发〔2023〕4号）和《重庆市加强石窟寺保护利用工作方案》（渝府办发〔2021〕33号）。

"正负面行为清单",将石窟寺安全防范纳入自然灾害综合风险体系及立体化社会治安防控体系,完善打击文物犯罪联合长效机制,深入开展打击文物犯罪专项行动。联合开展石窟寺违规拓印、妆彩、涂画、刻画、重塑等专项整治工作,共同推广设置针对涂金、挂红、燃香等行为的警示标识,加强对周边社区和村落的宣传教育,增强全社会保护石窟寺资源、弘扬中华优秀传统文化的自觉意识。鼓励大足、资阳、潼南、南充、合川、巴中、江津、广安、忠县等石窟寺集中分布区整区推进中小石窟集群式保护,强化保护工作规模效应。

八、有序实施石窟寺健康档案工程

加强川渝石窟寺调查评估与档案更新,结合第四次全国文物普查,进一步深化开展石窟寺文物保存状况和风险评估等调查,动态更新保护档案,对新发现石窟寺应参照文物要求划定临时保护区,并制定管理规定。持续完善石窟寺文物"四有"[①]工作,补齐石窟寺保护标志牌和界桩,梳理和规范保护档案并逐步推动保护档案数字化管理,对缺少区划或区划不合理的进行补划、调整并及时公布,明确"四至坐标"[②]。对区县级以下中小石窟寺文物管理,需明确保护管理机构。加强对石窟寺周边古驿道、寺院遗址、僧侣墓葬、村落等"全要素"资源的调查、挖掘和研究,建立完善石窟寺相关资料档案。

[①] "四有"指有保护范围、有标志说明、有记录档案、有专门机构或专人负责管理。
[②] "四至坐标"指一个物体四个方向(东、西、南、北)的边界。

第三节　全面加强石窟寺研究阐释

精美的石刻会说话。川渝石窟自成一体，蕴含着深厚的历史文化价值，是辉煌灿烂的巴蜀文明的实物见证，加强对川渝石窟寺历史底蕴、文化内涵、艺术价值的研究和阐释，有助于讲好石窟寺故事，传承弘扬中华优秀传统文化。

一、深化石窟寺内涵挖掘

加强石窟寺多重价值和文化内涵研究，深入挖掘石窟寺蕴含的中华民族的审美追求、价值理念、文化精神和各民族交流交融历史内涵，促进中华优秀传统文化传承发展，助推社会主义文化强国建设，实现共建"一带一路"和促进文明交流互鉴。文化历史方面，比较研究中国石窟寺与中亚、南亚地区石窟寺的异同，探讨中国石窟寺对东北亚地区佛教文化艺术传播的影响，针对川渝石窟寺分区分期、石窟艺术审美、水路和陆路交通与石窟寺传播、嘉陵江（岷江、沱江、涪江）流域石窟寺历史文化、大足石刻历史文化、乐山大佛历史文化、石窟寺与长江文明、石窟寺选址布局、石窟寺价值阐释等方面加强研究，展现中华文明在世界文明中的重要地位，以及中华文明博采众长、兼收并蓄、创新发展的文化特质。同时，深入挖掘石窟寺文化历史背后蕴含的哲学思想、价值理念及道德规范，并按照时代特点和要求，赋予其新的时代内涵和现代表达形式，助推全社会的传统文化教育，提高公民道德水平，培育社会主义核心价值观。加强石窟寺价值提升，支持成都药师岩摩崖造像、资阳高升大佛摩崖造像、南充观音岩摩崖造像、巴中巴州龙门山石窟、广安灵宝山石刻、大足千佛岩摩崖造像、合川龙多山摩崖造像及题刻、江津石门大佛寺摩崖造像、永川陈食佛崖寺摩崖、潼南五硐岩摩崖造像等价值较高的省级文物保护单位积极申报下一批国家级文物保护单位。

二、推进学科体系建设

如果没有学科体系做支撑，石窟寺保护研究工作便会流于被动状态，不能找准石窟寺保护的关键问题，不能形成石窟寺保护的基本理论。《国务院办公厅关于加强石窟寺保护利用工作的指导意见》的印发，从国家层面明确了石窟寺作为典型性文化遗产所具有的重大价值、保护利用工作的重大意义[①]。从石窟寺保护方面来看，要遵循"最小干预""不改变文物原状"等基本原则，坚持"原材料、原工艺、原形制、原作法"等保护理念，让石窟寺保护成为人文科学指导下的实践科学。石窟寺研究方面，进一步做实做强学科体系，广泛联合复旦大学、浙江大学、四川大学、重庆大学、重庆师范大学、四川美术学院、南京师范大学等高校，从历史、考古、人文地理、地质、艺术、社会学、经济学等多种学科角度，加强对石窟寺遗产及川渝石窟历史文化的研究，构建川渝石窟分期、分区、发展谱系与时空框架。保护理论方面，针对国际视野下石窟寺保护利用理念、石窟寺国家遗址公园建设方法、石窟寺文化传播内容和途径、公众参与石窟寺保护利用模式、石窟寺国家文化公园建设可行性等方面加强研究。保护技术方面，针对不同地质单元和地质

---

① 即"充分体现了中华民族的审美追求、价值理念、文化精神""事关中华优秀传统文化传承发展，事关社会主义文化强国建设，事关高质量共建'一带一路'和促进文明交流互鉴"。

条件下石窟寺病害特征及治理方法、风险监测与预防性保护技术、防风化等新材料技术、毛细水与生物病害等影响危害因素、数字化保护技术、窟檐等保护性设施建设等方面加强研究。邀请国内外石窟寺相关领域一流专家学者，组建高水平国际化专家团队，创办川渝石窟寺系列学术期刊和保护研究论坛，如2023年8月，国家文物局、重庆市政府在重庆大足共同举办首届石窟寺保护国际论坛。

三、加强文物机构建设

坚持高点定位，对标国际标准、引育国际人才、推出国际成果、提升国际影响，推动大足石刻研究院建成"立足川渝、面向西南、辐射东南亚"的世界知名研究院，将乐山大佛石窟研究院建成世界知名、国内一流的集科研、保护、展示于一体的中国南方地区石质文物保护科研基地。按照《大足石刻研究院建设世界知名研究院实施方案》和《共建乐山大佛石窟研究院战略合作协议》，力争用3—5年时间，在队伍建设、文物保护、科学研究、交流合作、传承利用等方面完成预期指标，实现保护成效全面提升、保护技术全面提高、"数字石窟"全面推进、学术研究全面发力、展示利用全面增效、传承弘扬全面推动、国际合作全面增强、队伍建设全面加强，示范引领带动一批文物保护机构高质量发展。支持石窟寺分布密集地区的博物馆增加石窟寺管理机构和人员，充实基层管理队伍，增强管理机构队伍和保护管理能力，推动基层博物馆建设发展。

四、重视专业人才的引进和培育

火车跑得快，全靠车头带。事业的推进离不开专业人才队伍。对于文物保护修复人才的培养，既需要强化考古、历史、生物、化学、艺术、地质、材料、数字工程等多学科知识学习，还需要运用系统思维抓好人才培育体系建设。比如，从加强文物保护机构提升人才平台能级，开辟外引内培路径打造人才集聚雁阵，强化科研项目申报锻造人才成长载体，举办国际学术会议搭建人才交流桥梁等4个方面抓好专业人才全链条引育路径①。其中，外引方面，持续强化政策支撑，形成政策比较优势，对特别优秀的高层次人才实施"一事一议""一院一策"，只要人才愿意来，就充分给待遇、给平台、给服务。依托"重庆国际人才交流大会""蓉漂人才荟""百万英才兴重庆"等省部级人才招聘平台，大力引进专业人才，充实文物保护力量。内培方面，落实全国文博考古人才培养计划，支持重要人才参加培训、出国进修、参加学术会议等，带动石窟寺保护与科研团队建设；依托中国石窟文化联合研究生院，加快石窟资源保护利用和文化挖掘相关领域急需的创新人才的培养；支持核心园区与高等院校合作建设石窟寺文物保护职业技术教育与培训基地，培养石窟寺考古、研究、保护、数字化等专业技术人才；探索建立"订单式""进修"等培养机制，出台相关政策支持，鼓励专业技术人员在职攻读博士学位，以"出得去、能回来、提水平"的方式不断输入"新鲜血液"，打造人才成长新路径。

五、力促重点考古工程

保护石窟寺，考古研究是基础工作。整合人文社会科学和自然科学研究力量，依托北京大学、四川大学、大足石刻研究院、重庆市文物考古研究院、四川石窟寺保护研究院、成都文

---

① 李远丹.用系统思维谋划文物保护人才培育体系［J］.中国人才.2023（12）.24-25.

物考古研究院等专业单位,共同落实《中国石窟寺考古中长期计划(2021—2035年)》,配合第四次全国文物普查,联合实施川渝石窟寺考古行动,开展区域系统调查、专项调查和重要石窟寺考古发掘,如深化推进大足、潼南、合川、荣昌、永川等渝西地区考古调查。结合"考古中国"巴蜀文明进程研究、长江国家文化公园建设及三峡库区文物保护等项目,加强长江、嘉陵江、岷江、沱江、涪江、綦江流域的石窟寺考古调查工程,重点实施成都大佛寺摩崖造像、内江佛尔岩摩崖造像、资阳高升大佛摩崖造像、巴中巴州龙门山石窟、潼南大佛寺摩崖造像、荣昌刘家庙摩崖造像、合川涞滩二佛寺摩崖造像、江津大佛寺摩崖造像等的考古勘探、发掘和测绘工作。选择历史环境要素留存较全面但系统研究保护不足的石窟寺推进"全要素"考古工作,加强对石窟寺本体、窟前建筑、寺院遗址、赋存山水环境、古道、村落聚邑等的考古调查与重要区域发掘,如以自贡吕仙崖摩崖造像、眉山龙鹄山松柏之铭碑及摩崖造像、宜宾丹霞洞摩崖造像及石刻、达州紫云坪植茗灵园记岩刻、南岸弹子石摩崖造像、大足观音岩摩崖造像、江津大佛寺摩崖造像、潼南万佛岩摩崖造像、丰都关口摩崖造像、合川涞滩二佛寺摩崖造像、忠县洞湾造像等作为试点。

六、强化科研平台建设

依托大足石刻研究院、安岳石窟研究院,共建川渝石窟保护利用科技创新基地,重点围绕石窟寺数字化开发与应用、展示利用传承创新、文化传播交流、非遗传承与创新开发等方面开展工作,推出一批具有影响力的科研成果,培育一批顶尖优秀人才。依托大足石刻研究院、乐山大佛石窟研究院,川渝共建中国南方石质文物保护科研基地，针对风化侵蚀、危岩体、水害、生物病害、附着颜色褪色变色等病害开展研究实验，重点加强灌浆加固、监测、防酸雨、防风化、水文地质调查、水害调查与治理、岩体稳定性调查等技术的研究与实验，逐步建立温暖潮湿条件下南方石质文物保护科研理论与实践体系。依托大足石刻研究院，联合重庆市文物考古研究院，加强与中国文化遗产研究院、复旦大学、浙江大学、四川大学、重庆大学、重庆师范大学、四川美术学院、南京师范大学等高校和科研机构合作，与四川共同推进川渝石窟保护研究中心建设，重点聚焦历史、文化、艺术和保护理论等方面开展研究。同时，建立川渝两地年度联席会议机制，互通共享石窟寺保护新理论、考古新成果、研究新著作，统筹部署科研工作，推动科研平台建设成为能够承担国家级科研项目、进行国际交流的国家文物局重点科研基地和国家重点实验室。

七、促进考古成果出版

加快考古成果出版及标准规范的制定。推进考古调查、测绘、发掘报告编写及出版工作，编撰出版《巴蜀石窟全集》和川渝石窟考古报告系列，包括《四川石窟寺总录》《大足石刻总录》《安岳石窟考古报告》《舒成岩、妙高山、陈家岩石窟考古报告》《尖山子、圣水寺、法华寺石窟考古报告》等，以及川渝其他中小型石窟寺系列考古报告，推出系列高水平考古研究成果。研究制定川渝石窟寺考古工作规程，考古报告编制规范，预防性保护工作导则，病害治理关键技术标准规范，数字化保护相关技术规范，石窟寺相关传统技艺、工艺标准等，提升石窟寺考古研究和保护的科学性和标准化水平。

第四节　强化石窟寺展示利用与传承发展

"好"的利用就是对石窟寺最好的保护，是传承发展的基本保证。历经千年，石窟（刻）造像依旧与现代人的生活有着千丝万缕的牵连。未来，我们既要保护石窟寺文物，更要挖掘石窟寺文物和文化遗产的多重价值，讲好文物故事，让文物"活"起来，并融入社会生活，满足人民不断增长的精神和文化需求，丰富人民的精神世界。而被感受、被享受的文物及文化遗产才更会被热爱、被呵护、被尊重，从而留存至下一个千年。

一、提升石窟寺开放展示水平

全面开展川渝石窟寺开放展示潜力评估工作，针对有展示潜力的石窟寺，推动县域石窟寺展示设施全覆盖试点工程，以乡镇为单位实现基本展示阐释设施全覆盖，注重和道路交通、村落休憩设施更好地结合，推动石窟寺成为当地旅游景区，整体提升中小石窟展示水平。其中，对有条件的石窟寺可独立设置小型展室，鼓励结合窟檐、保护性设施、游客服务站等现有设施增添展示牌、标识系统、线上导览等，并注意相关设施的风格统一，实现与所在的历史文化名镇名村、传统村落整体保护及风貌的统筹协调。同时，注重推出石窟寺数字化成果，为石窟插上科技的翅膀，实现石窟"活起来、走出去"的可移动展示。如，大足区推出4K宽银幕电影《天下大足》和8K球幕电影《大足石刻》，向观众充分展示大足石刻的艺术价值。

二、加大石窟寺宣传营销力度

加快构建线上线下传播矩阵，线上加强与国内电视、广播、报刊、户外广告等传统媒体和移动终端、搜索引擎、"两微一抖"等新媒体合作营销；线下在机场、火车站、地铁站、公交车站、公园等地设置一批石窟艺术展示站点，结合文化和自然遗产日、国际博物馆日、国际古迹遗址日等重要时间节点，推进川渝石窟寺国家遗址公园全媒体传播推广活动。结合川渝石窟寺数字信息采集工作，建立川渝石窟寺资源数字云平台，推出"云展览""云直播"与川渝石窟寺电子地图，实现石窟寺资源的精准导航，同步研发配套"护照""印章"等文创产品，鼓励公众前往游览并打卡集章。结合重要石窟寺保护展示相关示范性工程，以川渝石窟寺价值特色及"川渝石窟寺国家遗址公园建设"等为主题，策划开展线上直播、系列短视频、精品纪录片和电视节目，邀请石窟寺学者、知名文旅博主等担任石窟寺宣传推广大使，借助"海外大V拍川渝"等活动，引导国际友人、国外媒体输出重庆石窟寺优质宣传内容。

三、丰富石窟寺展示形式

丰富本体展示。加强石窟寺最新研究成果向展示阐释的转化衔接，注重对石窟寺相关碑刻题记的解读和阐释，对解说词进行统一审核，转化为科普内容，充分展现石窟寺的营建历史和社会背景、经变故事和道德观念、营建技艺和艺术价值、保护理念和修复技术，并科普不当妆彩等对造像的负面影响。如，以核心园区和石窟寺文化景点为重点，推进成都药师岩摩崖造像、大佛寺摩崖造像、天宫寺摩崖造像，资阳高升大佛摩崖造像、佛耳岩摩崖造像、西禅寺摩崖造像，南充读书岩石刻、观音岩摩崖造像，巴中巴州龙门山石窟、朝阳洞石窟，大足石篆山摩崖造像、千佛岩摩崖造像、南山摩崖造像、妙高山摩崖造像、潼南大佛寺摩崖造像、万佛岩摩崖造像、江津石佛寺遗址、朝源观遗址、合川龙多山摩崖造像及题刻、白塔坪摩崖造像、南岸弹子石摩崖造像、忠县临江岩造像、洞湾摩崖造像、永川佛崖寺摩崖造像等实施展示提升示范性工程。

推动"全要素"展示。加强对石窟寺历史环境要素的识别和展示，从考古、历史、地理、美术等多样化视角、多学科参与阐述石窟寺文化脉络与自然环境特征，增强展示内容的综合性、趣味性和科学性。如，以自贡吕仙崖摩崖造像、眉山龙鹄山松柏之铭碑及摩崖造像、宜宾丹霞洞摩崖造像及石刻、达州紫云坪植茗灵园记岩刻、大足宝顶山大佛湾摩崖造像，以及合川涞滩二佛寺摩崖造像、石佛寺遗址、龙多山摩崖造像及题刻等为试点，形成石窟寺"全要素"展示示范案例。其中，对寺庙要素（遗址），重点展示石窟开凿与寺院营建历史，建筑遗址可使用夜景灯光、装置艺术、植物种植等传达建筑规模和形制等信息。对临山要素，修建登山步道和观景台，展示周边地形地貌特征与空间关系。对滨江要素，通过植被修剪、标识导览、视觉引导、滨河小道等增强与河流及其对岸的视线联系。对山水环境要素，重点展示石窟寺周边地质地貌特征、景观意象等信息。对村落要素，重点展示当地民众生活、民间信仰和习俗。对水陆古道要素，关注交通线建设发展历程与前后交通站点信息，展示本地特产、物资与在交通线上的功能。

加强联合展示。针对石窟寺本体规模较小，"全要素"特征不突出的情况，应加强与周边自然人文资源的联合展示，扩大资源规模。如，通过石窟寺与自然资源联合，展示本地自然生态特征；通过石窟寺与古建筑、古遗址、古墓葬、历史文化名城名镇名村、传统村落等人文资源联合,展示地区厚重的历史文脉;通过石窟寺与民间文学、传统音乐、传统舞蹈、传统戏剧、民间美术、民俗等非物质文化遗产联合,展示当地传统生产生活。同时,结合石窟寺文物主题游径建设,新建必要的连接线,统一设计安装标识导览系统,提升石窟寺与联合展示资源间的通达条件,提升资源一体化水平。加强南方石窟与北方石窟的联合展示,如大足石刻与龙门石窟"南北牵手"。

开展研学教育展示。充分挖掘川渝石窟寺所蕴含的人文典故、科技成就、审美艺术、传统技艺等中华优秀传统文化,结合文物主题游径,打造一批不同时长、不同主题、针对不同年龄段人群的研学线路,研发一套集课堂教学、现场讲解、石雕石刻非遗体验等多样化的课程体系。推动实施"新青年传承石窟寺文化"计划,支持当地青年参与石窟寺讲解、研学教育、传播推广等工作。鼓励核心园区、文化景点、博物馆等与市区县教育部门沟通协作,以美术、书法、音乐等艺术类课程为主体,推动川渝石窟寺文化进课堂,并纳入地方中小学教材。支持安岳石窟、乐山大佛、潼南大佛寺摩崖造像—千佛寺摩崖造像、南岸弹子石摩崖造像、江津大佛寺摩崖造像、合川涞滩二佛寺摩崖造像,以及钓鱼城摩崖造像等创建全国中小学生研学实践教育基地(营地)、研学旅行基地和文博研学基地。积极推进将资阳、乐山、成都、大足、合川、江津等打造为境内外重要研学旅行目的地。建立健全标准化服务体系,培育和认证专业研学教育机构,编制培训教材及工作手册,加强讲解员上岗培训,保证研学体验内容的科学性和专业性。

四、扩充石窟寺展示场所

构建起以大足石刻、安岳石窟、乐山大佛石窟高标准专题博物馆为核心的川渝石窟寺博物馆群落，支持石窟寺相关博物馆、展示馆、体验馆等建立合作联盟，开展联合办展、巡回展览、流动展览、网上展览等文化活动。支持非国有博物馆、行业博物馆、产业博物馆、高校博物馆、村史馆、乡村博物馆、社区博物馆等开办石窟寺专题展厅。鼓励开设石窟寺主题美术馆、数字体验馆、光影艺术馆、档案馆、历史影像馆、主题文化园等特色展馆和展示阐释场所，提供多样化的展示体验。结合重庆市博物馆新馆、四川省博物馆新馆建设开辟主题展厅，"一馆一厅"形成全面阐释川渝全境石窟寺资源文化脉络、价值特色及保护成果的核心场所；依托重庆三峡博物馆、四川博物院、大足石刻游客中心、乐山大佛景区南游客中心等设置川渝石窟寺国家遗址公园传播中心，展示公园总体布局和建设理念，集成核心园区、文化景点、文物主题游径等参观游览信息，提供多主体、多组合的"旅游攻略"和"打卡攻略"。根据石窟寺密集分布情况，依托广元千佛岩摩崖造像—南龛摩崖造像和川北地区、乐山大佛—邛崃石窟—蒲江石窟和川西地区、大足石刻—涞滩二佛寺摩崖造像和涞滩古镇、南岸弹子石摩崖造像和两江四岸片区、潼南大佛寺摩崖造像、江津石佛寺遗址和忠州巷子片区设置6个石窟寺专题展馆或文化园，整体展示区域内石窟寺资源整体面貌。支持广元、巴中、乐山、万州、潼南、江津等地在区县综合博物馆开辟石窟寺专题展厅。创新策展理念，支持博物馆与融媒体平台、数字文化企业合作发展"互联网+展陈"新模式，推出直播讲解、虚拟展厅、云游展馆等数字化体验产品。建立陈列展览评价、推介和奖补机制,探索独立策展人制度,开办集陈列展览、教育活动、学术研讨、文化创意于一体的多语种、分众式精品陈列展览。

五、开展国内外交流合作

深入推动与德国、巴基斯坦、意大利等"一带一路"共建国家点对点交流合作,鼓励以结对子的方式,在石窟寺文物保护修复、石窟寺展览、人才培养等方面开展联合项目,在国外科研机构、高等院校建设联合实验室或科研工作站。结合"亚洲文化遗产保护行动"谋划保护、考古、研究、展示、培训、传播等合作,积极争取"亚洲文化遗产保护基金"支持,在川渝建立国际石质文物修复实践中心并设立常驻办公地址。联合敦煌研究院、故宫博物院、罗马修复中心等国内外著名科研机构,推出一批有世界影响力的学术成果,策划举办"石窟寺保护国际高峰论坛",打造国际文化遗产学术研究展示新高地。

六、增强游客沉浸体验感

如今,传统观光和消费模式已无法满足游客的需求,而沉浸式文旅项目能为游客带来前所未有的体验和感受。充分运用3D投影和科技光影技术实现石窟寺风化脱落与不当妆彩部分的"复原展示",配合语音解说、音乐和实景演艺,营造出沉浸式的音画互动空间,深度展现石窟寺的价值内涵和艺术特色。结合"互联网+中华文明"系列项目和中华文物全媒体传播计划,推动石窟寺造像、铭文、彩绘、贴金等信息的数字化采集,推进以"互联网+"为代表的旅游场景化建设,开发数字化体验产品,发展沉浸式互动体验、虚拟展示、智慧导览等新型旅游服务。以推动"天下大足"智慧旅游沉浸式体验新空间全国试点项目为牵引，开展乐山大佛、广元千佛岩摩崖造像、安岳石窟、毗卢洞石刻造像、潼南大佛寺摩崖造像、千佛岩摩崖造像、万佛岩摩崖造像、邛崃石窟、蒲江石窟、南岸弹子石摩崖造像、江津石佛寺遗址、合川涞滩二佛寺摩崖造像、忠县临江岩造像等数字化和夜景展示提升，让游客沉浸式体验和感受石窟寺历史、文化、艺术的独特魅力。

第五节　促进公园建设与文旅提质

在川渝石窟寺国家遗址公园建设过程中，围绕两地共有的历史文化元素，改善两地的交通、住宿、餐饮、人居环境，探索形成"点""线""面"相结合的川渝石窟文旅融合发展走廊，将资源优势逐步转变为发展优势。

一、加快推进基础设施建设

在成渝地区双城经济圈交通一体化中充分考虑川渝石窟寺国家遗址公园建设需求，推进万州—达州—开州、泸州—宜宾全国性综合交通枢纽建设，强化南充、遂宁、广安、绵阳、内江、自贡、乐山、黔江等区域性综合交通枢纽的衔接带动作用；加快推进成渝中线高铁建设，有序推进万达开、成渝中部、川南—渝西片区的城际铁路网建设，开展老成渝铁路扩能改造工程，提升资阳北站、墨池坝站、资阳站、侯家坪站的服务能力；实施大足—安岳高速公路建设与成渝高速扩容，推进快速交通与核心园区间的连接线与慢行交通建设，优化沿线生态景观环境，统筹布局石窟寺主题休息站与服务站；借力"四好农村路"示范区建设，推动武胜县、岳池县、邻水县等地打通乡村与石窟寺间的"最后一公里";共建川渝水上旅游交通体系,提升重庆涪陵、长寿、丰都、忠县、云阳、万州、奉节、巫山和四川泸州、南充、广安等内河游轮客运码头的设施水平和服务功能①。启动核心园区规划设计与建设,合理布局功能分区与建设项目,分期实施展示提升、环境整治、服务设施和基础设施建设提升。推进重庆主城核心区、大足、潼南、合川间,成都与周边都市圈的展示游线贯通,围绕核心园区及其周边资源构建"快进漫游"交通格局,实施重要旅游道路升级改造工程,完善公共交通体系、景区内部道路、自行车道、游步道等的建设。

二、整合拓宽资金来源渠道

加强财政资金投入。加强各级财政对公园建设项目的投入和支持力度,按要求谋划并积极争取国家发改委文化传承发展"专精特新"工程项目等中央财政预算内投资支持,统筹整合川渝各部门涉及文物、发改等专项资金,并综合运用相关渠道解决建设资金需求,根据项目轻重缓急统筹调剂、安排落实、密切跟踪,提高资金使用效率。

推进投融资机制创新。加强地方政府融资平台整合和能力建设,推动建立投融资对接机制,畅通融资渠道,全力争取政策性、开发性金融工具和地方政府专项资金支持。引导金融机构按照市场化原则提供信贷支持,鼓励投资企业通过发行企业债、股权融资等方式,合法合规参与项目投资建设运营。探索设立"川渝石窟寺保护研究基金会",募集资金专用于川渝石窟

---

① 参见《川渝石窟寺国家遗址公园(重庆片区)总体规划》。

相关研究、文化传承、人才培养等项目。

引导社会资本参与。规范实施政府和社会资本合作新机制，支持各地出台相关办法，重点引导优秀央企和民营企业等社会力量，按市场化方式投入资本、技术、创意，构建项目投资和运营补贴机制，全过程参与公园建设运营；鼓励公民、法人或其他组织，通过兴办实体、资助项目、提供服务、捐赠物资等方式参与公园建设保护工作；鼓励企事业单位积极履行社会责任，开展多种形式的对口援建和捐助；支持通过购买服务等方式，加强政府与社会资本合作，实现通过政府投资的引导带动，放大社会资本参与的多元化投入机制。积极推动制定"以奖代补""志愿嘉许"等相关政策，探索实施"石窟寺认养"计划、"石窟寺守护人"计划，支持社会团体或村集体在文物管理单位和研究机构的指导下筹资开展石窟寺保护工作，招募志愿者接力负责中短期看护管理，规范和引导民间石窟寺维修行为。

三、创建国家A级旅游景区

国家A级旅游景区的评定是国家对景区发展的一种认可，是完善景区基础设施、提高管理水平的内生动力，具有一定的激励作用。推动核心园区的石窟寺文物展示服务品质升级，依托大足石刻、乐山大佛做大做强世界级文旅景区，开展广元千佛崖、安岳石刻、涞滩二佛寺摩崖造像、潼南大佛寺摩崖造像、合川龙多山摩崖造像及题刻等景区的提质工作，分批推进蒲江石窟、邛崃石窟、潼南千佛寺摩崖造像、江津石佛寺遗址等高潜力优质石窟寺对外开放并积极创建3A级景区。支持大足区中小石窟、资阳市中小石窟、潼南千佛寺摩崖造像等石窟寺联合周边文旅资源共同创建景区，为相关文物部门、石窟寺管理研究机构提供石窟寺文物保护、历史环境要素识别、文化阐释、宣传传播等专业协助,促进资源整合与联合展示,切实提升石窟寺景区的吸引力。整合大足区石窟寺文物、非物质文化遗产和相关自然文化资源,按照全域旅游发展思路建设大足石刻文化城,推进大足石刻保护传承、研究阐释、环境配套、城景一体、文旅融合,建成国家全域旅游示范区。

四、打造标志性文旅产品

推出核心文旅产品。支持将川渝石窟寺文物主题游径①打造成川渝石窟寺国家遗址公园的核心文旅产品,根据历史文化梳理构建展示阐释框架,完善沿线标识系统、文化驿站、房车营地等旅游服务设施,串联周边美丽交通风景道、名镇名村传统村落、非遗体验等资源,宣传、策划、推出"访石窟知家乡""石窟打卡"、文化IP联名、体育赛事、文化事件日历等面向不同受众的文化活动,落实一批展示阐释与活化利用项目,做实做活文物主题游径②,全方位讲述历史文化故事。其中,重点推动"唐宋胜景——石窟艺术晚期高峰精华段"等川渝共建文物主题游径建设,细化资源构成与路线走向,推出建设路径与实施方案,形成"一程多站"游览线路。

打造特色文旅项目。鼓励核心园区因地制宜制定品牌塑造和文旅项目策划方案,"一窟一品",形成以大足石刻、乐山大佛世界文化遗产为核心的"石窟+"品牌矩阵。鼓励各地结合石

---

① 文物主题游径,是以不可移动文物为主干,以特定主题为主线,有机关联、串珠成链,集中展示专题历史文化的文化遗产旅游线路。
② 参见国家文物局、文化和旅游部、国家发展改革委发布的《关于开展中国文物主题游径建设工作的通知》(文物保发〔2023〕10号)文件内容。

窟资源策划推出特色演出、石窟寺夜游、非遗体验、节庆庙会等活动，推出"石窟+三峡""石窟+湖泊""石窟+民俗""石窟+古道""石窟+古镇"等不同主题的短期旅游产品，使川渝石窟寺国家遗址公园成为研学、休闲、生态旅游领域的标志性品牌。支持沿成渝古道、长江水道等构建文旅产业廊道，培育艺术文创、写生基地、餐饮民宿、生态康养、水上旅游五大文旅业态，并与创意设计、电子信息、音乐动漫等川渝特色优势产业相结合，促进文化产业升级，力求形成文化带动、旅游推动、产业联动的石窟寺文旅可持续发展的局面。

开发主题文创产品。支持大足石刻文创园建设成为国家级文化产业示范园区，落实《大足石刻文创园创建国家级文化产业示范园区行动计划（2023—2026年）》，按照"突出文化内涵、体现技艺创新、强调经济实用、注重市场需求"的原则，联合中央美术学院、四川美术学院等高校或文化策划运营机构开发系列文化创意产品。同时，鼓励川渝两地文博机构、文旅单位、文创企业联合举办产品大赛、校地合作、艺术家采风等方式形成开发体系，不断推出反映川渝石窟元素且设计精良、辨识度高、传播力强、适应市场的系列文创产品。

五、促进毗邻地区文旅互动

结合资大文旅融合发展示范区[①]、重庆大足国家全域旅游示范区建设，支持大足石刻宝顶山景区、北山景区，安岳圆觉洞

---

① 2022年2月，经川渝两省市人民政府批复同意，两省市发改委印发《资大文旅融合发展示范区总体方案》。这是四川与重庆共推川渝毗邻地区合作共建区域发展功能平台中，唯一一个以"文旅融合"为主题的平台。示范区规划范围涉及四川省资阳市和重庆市大足区全域。

摩崖造像风景区、毗卢洞文物景区等联合创建"大足石刻—安岳石窟"旅游景区，开通景区旅游直通车、推出景区景点联票、实行合作宣传、合办重大节会，进一步推广"'资'足常乐"地域文化标识，探索建设全域旅游背景下的"跨省A级旅游景区"。鼓励万州、达州、开州推出贯通三地的石窟寺精品旅游线路，积极参与"大三峡·大巴山"国际文化旅游节，助力万达开川渝统筹发展示范区建设。鼓励长寿、垫江、梁平与开江、大竹、邻水等地区推出"石窟+森林康养""石窟+乡村民宿"等文旅产品，融入明月山绿色发展示范带。依托成渝中轴交通干线、长江水道、嘉陵江水道、襄渝铁路等交通线，串联宜宾、泸州、江津、安岳、大足、广安、合川、潼南、南充等沿线城镇群，形成综合性文旅产业廊道，塑造川渝石窟寺文旅大环线与石窟寺文旅发展带空间实体。

六、推动旅游服务一体化

加强石窟寺景区旅游服务体系标准化建设，形成涵盖游客服务中心管理、景区导览和讲解、岗位培训、服务配套等内容的标准化服务体系和规范化经营活动，推动石窟寺旅游服务品质化、无区界共享。研究推出川渝联程联运旅游线路，推动石窟寺景区建立游览、交通出行、餐饮、住宿等相结合的联票或优惠制度，推动川渝石窟寺文旅大环线全线便利化运营。着力打造巴蜀文旅走廊智慧旅游先行示范，推动核心园区的数字化与智能化改造升级，实现核心园区和展示场馆的无线网络、客流监控、车流监控、环境监测、信息发布平台等信息基础设施全覆盖；加强"智游天府""惠游重庆"等智慧旅游平台共建共享，推广交通"一卡通""一码畅行"服务，构建线上游览服务与传播空间,提升川渝旅游的快捷化、便捷化和智能化水平。联合开展"百万职工游巴蜀"活动,探索开展"川渝游客游川渝石窟寺景区"半价优惠或免费活动,让更多人走进石窟寺,享受深度体验石窟艺术的文化之旅。依托"巴蜀石窟文化旅游走廊联盟"创建川渝石窟寺国家遗址公园运营平台机构,形成公园策划运营主体,建立与各市场主体、研学教育机构、文创机构的联系合作,促进景区、交通、住宿、娱乐、消费等服务体系规范化、标准化、一体化运营。加强文旅数据的收集与开发利用,逐步构建以大数据为导向的文旅管理决策机制,实现文旅服务、综合管理、宣传推广全面智能化。

第六节 实现公园建设与乡村振兴耦合并进

针对中小石窟寺多数地处偏远、相对分散造成保护难、研究少等问题,将中小石窟寺保护利用有效融入乡村振兴战略、乡村公共服务体系建设,协同乡村振兴政策推动公园建设,加强石窟寺的本体保护,合理利用石窟寺的文物价值,有效释放文物资源活力,实现在保护中利用、在利用中保护。

一、壮大乡村产业体系,合力推动乡村产业振兴

大力建设石窟石刻艺术与乡村旅游协同发展区,发挥大足石刻、安岳石窟等人文资源优势,深入挖掘成渝中部乡村旅游开发潜力,协同联动四川资阳、遂宁、内江和重庆大足、潼南、铜梁、合川、璧山等地,推动建设资大(资阳、大足)文化和旅游融合发展示范区、遂潼(遂宁、潼南)一体化发展先行区两大平台,重点发展人文旅游、研学旅游、乡村旅游等,打造

石窟艺术、涪江诗画、田园度假等特色产品①。以各处石刻造像群为原点，串联起镇街，打造沿线农业、旅游产业，支持大足宝顶、资阳安岳、合川涞滩、忠县忠州等石窟寺资源密集地区的村落，发展石窟寺主题文旅活动，推出写生基地、乡村遗产酒店和民宿、休闲康养基地、民俗节庆活动、大地艺术节等特色产业，培育"乡村石窟寺"文化品牌，扶植石窟石刻、五金制作等相关非遗技艺传承，支持村民学习地方传统技艺并探索品牌化、产业化途径，进一步释放其蕴含的旅游价值属性。发掘蜀绣、蜀锦、大足冬菜、江津白酒等优势地方产业，加强石窟寺文化IP的文化赋能作用，通过电商"带货"、联名推广、串入线路等方式，加强石窟寺文旅与乡村一二三产业融合。

二、保护传承石窟文化，合力推动乡村文化振兴

进一步保护、发掘、利用凝聚乡村文脉的石窟寺文化遗产，是深入实施乡村振兴战略的重要方式。结合石窟寺文物环境整治工程及"乡村石窟寺文化景点""乡村石窟寺微景观"等的建设，协同配套建设人行步道、旅游厕所、安防设施、价值阐释牌等基础设施及人居环境提升，不仅让石刻有新家，更为村民提供优质公共文化服务空间。新建的保护建筑应避免大拆大建、破坏耕地，以及过度园林化、城市公园化倾向，坚持"轻体量""微改造"，力求与石刻区环境尽量融合，充分呈现乡土环境本底特色。鼓励结合乡村博物馆、文化馆、村史馆、文化礼堂等公共服务设施，开设石窟寺专题展览，宣传妆彩、燃香、

---

① 参照文化和旅游部、国家发展改革委、重庆市人民政府、四川省人民政府联合印发的《巴蜀文化旅游走廊建设规划》（文旅资源发〔2022〕54号）。

挂红等违规行为危害，破除封建迷信活动，弘扬地方优秀传统文化，延续乡村历史文脉和文化基因。

三、保育石窟生态环境，合力推动乡村生态振兴

生态环境是乡村振兴的重中之重，保育石窟生态环境要坚持以生态优先、绿色发展为导向，助推农村人居环境整治、打造美丽宜居乡村。大力营造生态和谐的乡村人文景观，将石窟寺岩体加固、环境整治等工作与生态环境保护任务相结合，统筹开展山体、林地、水体等生态环境保护修复，维护"留得住人，记得住乡愁"的乡村人居环境。同时，结合山林、水系、古道等拓展乡村生活与生态休闲空间，支持徒步、骑行、露营、观鸟等活动，促进石窟寺保护利用与乡村休闲游有效融合。

四、加强本土人才培养，合力推动乡村人才振兴

通过增加推介交流、提升激励机制等措施，引进外部人才、市场化运营团队等参与乡村石窟寺文旅建设，对乡村旅游规划、产品设计、市场营销等方面进行引导和支持，并带动当地村民及返乡大学生、农民工等从事乡村旅游、研学教育、线上传播、电商平台等创新型的文化旅游经营项目。支持、鼓励当地文化达人担任石窟寺守护"新青年""代言人""推广大使"等，培育一批在促进乡风文明建设、乡村文旅产业等方面起到引领和示范作用的带头人。研究出台相关政策，鼓励文旅项目聘用和培训当地村民作为补充讲解员、管理服务人员等，为乡村弱劳力、半劳力脱贫人口和低收入人口提供就业岗位。

五、建立健全体制机制，合力推动乡村组织振兴

强化组织保障，压实各地党委政府责任，注重凝聚多渠道资源，向乡村输送人力物力，加强相关建设项目和中小石窟保

护工程等对乡村振兴帮扶县、帮扶村的倾斜，着力解决公共文化设施营造、基础设施建设、乡村风貌整治与美化、现代服务与经营体系搭建、生态环境保护等问题。以重要石窟寺所在村落或具备石窟寺资源的乡村振兴帮扶村、传统村落、乡村旅游重点村、生态文化村等为对象，如资阳市安岳县高升乡天佛村、岳阳镇新村、石羊镇西坝村、龙台镇双岗村、岳阳镇船形村等；眉山市洪雅县将军镇清凉村等；成都市大邑县斜源镇盘石村；阿坝州茂县叠溪镇校场坝；大足区中敖镇峰山村、金盆村，高坪镇高峰村、冒咕村、三驱镇千佛村；忠县拔山镇杨柳村、芋荷村，金声乡桂香村、黄金镇桃花村；合川区涞滩镇二佛村、龙凤镇龙多村、渭沱镇大岚村、三庙镇玉观村等，推出"乡村石窟寺文旅融合示范村"项目，由宣传部门每两年一批进行试点评选，纳入试点的示范村享受资金和政策支持，鼓励其在乡村旅游发展、产业发展、文化建设等方面进行探索。

附录一

附表 国家考古遗址公园年度考核指标及评分

一级指标	二级指标	三级指标
资源条件（150分）	遗址价值（40分）	——
	公园规模与范围（30分）	——
	区位条件（40分）	交通可达性（20分）、相关资源（5分）、周边设施（10分）、社会经济（5分）
	基础条件（40分）	政策支持（10分）、资金支持（10分）、利益相关者支持（10分）、土地权属（5分）、管理责任（5分）
	环境条件（附加指标，25分）	空气、噪声、水体等环境质量（15分）、公共卫生（5分）、景观环境（5分）
考古、研究与保护（200分）	考古工作（30分）	工作基础（15分）
		工作计划（15分）
	文物保护规划实施（20分）	——
	遗址本体保护（40分）	保存现状（15分）、保护的科学性（9分）、保护的全面性（5分）、保护的有效性（11分）
	遗址环境保护（30分）	自然环境（15分）、历史环境（15分）
	日常维护与监测（30分）	制度（10分）、设备设施（5分）、人员（5分）、记录（5分）、报告（5分）

续表

一级指标	二级指标	三级指标
	风险防范（20分）	制度（5分）、设备设施（5分）、人员（5分）、记录（5分）
	研究与成果转化（30分）	科研支撑（10分）、成果转化（20分）
	研究设施及条件（附加指标，25分）	——
展示与阐释（200分）	公园规划实施（20分）	——
	展示设施建设（60分）	馆舍（30分）、展陈内容、技术与手段（20分）、设施日常维护（10分）
	遗址现场展示（80分）	展示策划（4分）、展示内容（12分）、展示方法（16分）、展示布局（20分）、展示流线（12分）、标识系统（16分）
	公众参与（40分）	考古工地现场及考古设施向公众开放的程度（10分）、文化活动（10分）、教育活动（10分）、社区活动（10分）
	延伸展示（附加指标，25分）	周边展示（12分）、远程展示（13分）
管理与运营（150分）	设施与服务（80分）	服务设施布局（15分）、导览设施与服务（9分）、交通设施及服务（8分）、公共安全（20分）、公共卫生（6分）、休闲设施及服务（6分）、信息服务（6分）、无障碍设施及服务（10分）
	公园开放效果（20分）	公益性开放（10分）、观众流量（10分）
	公园管理机构与人员（20分）	机构（10分）、人力资源（10分）
	公园管理制度体系（30分）	公共安全制度（10分）、人员培训制度（10分）、财务管理制度（5分）、投诉反馈制度（5分）
	宣传推广（附加指标，25分）	出版宣传（5分）、媒体推介（10分）、品牌经营（5分）、文化产品（5分）

附录二

附表　国家公园年度考核指标及评分

一级指标	二级指标	三级指标
建设管理任务（权重占比50%）	保护（32分）	管护巡护（8分）、工程项目（8分）、物种保护（8分）、灾害防控（8分）
	科研（20分）	科研项目（10分）、合作交流（5分）、科研成果（5分）
	监测（20分）	监测体系（10分）、监测执行（10分）
	宣传（18分）	公众活动（10分）、出版物（5分）、媒体报道（3分）
	投入保障（10分）	资金筹措情况（5分）、资金完成情况（5分）
保护管理成效（权重占比25%）	供给服务（14分）	一般产品供给（7分）、绿色产品供给（7分）
	调节服务（70分）	水源涵养（10分）、土壤保持（10分）、碳固定（10分）、氧气提供（10分）、防风固沙（10分）、空气净化（10分）、水质净化（10分）、气候调节（10分）、洪水调蓄（10分）、物种保育（10分）；比例计算
	文化服务（16分）	品牌价值（8分）、生态文创（8分）

续表

一级指标	二级指标	三级指标
公共服务（权重占比25%）	游憩体验（30分）	访客量（10分）、游憩设施协调度（10分）、游憩体验满意度（10分）
	自然教育（30分）	活动场次及参与人数（10分）、自然教育设施协调度（10分）、教育体验满意度（10分）
	社区参与（40分）	特许经营许可（25分）、就业服务（15分）
负面清单（在最终评分上扣除，总计-50分）	资源破坏（-10分）	——
	环境污染（-10分）	——
	违法建设（-10分）	——
	超量超载（-10分）	——
	意外伤害（-10分）	——

主要参考文献

[1] 童登金,李传授. 名人与大足石刻 [M]. 成都:四川美术出版社,1999.

[2] 黎方银. 大足石刻 [M]. 西安:三秦出版社,2004.

[3] 张智瑜. 中国石窟世俗化的高峰—巴蜀石窟 [J]. 戏剧之家,2018(27).

[4] 孙雪静,孙华. 川渝石窟的历史与价值 [J]. 遗产与保护研究,2017,2(3):1-8.

[5] 王金华,陈嘉琦. 我国石窟寺保护现状及发展探析 [J]. 东南文化. 2018(01):6-14.

[6] 王金华,陈嘉琦. 我国石窟寺病害及其类型研究 [J]. 东南文化. 2022(04):25-32.

[7] 任科法,谢振斌等. 四川仁寿牛角寨石窟盐风化作用机理与气候响应 [J]. 地质论评. 2023,69(04):1368-1386.

[8] 袁伟,阚艳伶等. 安岳毗卢洞石窟水害成因分析 [J]. 地下水. 2022,44(03):45-47.

[9] 郝爽,乔云飞. 气候变化视角下我国不可移动文物暴雨灾害风险变化趋势研究 [J]. 中国文化遗产. 2023(01):81-90.

［10］郭开凤，何正萱．文物保护工程管理制度探析［J］．中国文化遗产．2023（04）：109-116.

［11］杨小菊，于宗仁等．基于文献计量学的石窟寺及古代壁画研究态势分析［J］．石窟与土遗址保护研究．2023，2（01）：80-98.

［12］张青兰．首届石窟寺保护国际论坛 相聚大足 共谋石窟寺保护与新生［J］．重庆与世界．2023（09）：68-73.

［13］张帅，宁利君等．石窟寺安全风险评估指标体系构建及实证研究［J］．中南民族大学学报（自然科学版）．2023，42（06）：775-780.

［14］李畅．长江经济带文化资源分布态势及归因——以全国重点文物保护单位为例［J］．南京社会科学．2022（07）：163-172.

［15］肖波，余艺芳．文明交流视角下石窟遗产的亚洲印记与全球价值［J］．湖北民族大学学报（哲学社会科学版）．2022，40（03）：135-143.

［16］王莉．当前我国石窟寺的保护与发展［J］．文物鉴定与鉴赏．2022（03）：48-50.

［17］王涛，胡斌．基于巴蜀地域特色下的中小型石窟寺保护性建筑设计与实践——以大足石刻21处中小型石窟为例［J］．住区．2022（04）：122-129.

［18］贾甲，蒋思维等．大足石刻大佛湾"卧佛"岩体裂隙渗水病害精细水文地质模型研究［J］．石窟与土遗址保护研究．2023，2（01）：4-15.

［19］赵希，施紫越等．巴蜀地域特色下的石窟保护性建筑

设计——以广元千佛崖为例［J］. 甘肃科技. 2023，39（11）：91-93.

［20］刘长青，包含等. 石窟寺多尺度岩体结构发育特征与三维精细化建模方法研究——以安岳圆觉洞为例［J］. 工程地质学报. 2023.

［21］冯太彬，刘珂源等. 大足石刻北山石窟悬吊锚杆加固工程的稳定性［J］. 土木与环境工程学报（中英文）. 2023.

［22］刘原合. 重庆奉节县的摩崖石窟造像遗存［J］. 东方收藏. 2022（09）：29-31.

［23］张明，钟意淋等. 江津石门大佛寺摩崖造像保护现状调查与研究［J］. 文物鉴定与鉴赏. 2022（02）：34-39.

［24］兰恒星，吕洪涛等. 石窟寺岩体劣化机制与失稳机理研究进展［J］. 地球科学. 2023，48（04）：1603-1633.

［25］李黎，陈卫昌等. 石窟寺岩体稳定性预测与加固关键问题［J］. 石窟与土遗址保护研究. 2022，1（01）：28-38.

［26］王旭东，郭青林等. 石窟寺岩体保护加固研究进展［J］. 石窟与土遗址保护研究. 2022，1（01）：6-27.

［27］米德昉. 南宋川东社会中的柳本尊信仰及其影响［J］. 佛学研究. 2021（02）：219-237.

［28］裴琳娟.《巴蜀摩崖石窟寺建筑环境研究》：四川摩崖石窟寺建筑的特点探析［J］. 建筑学报. 2022（01）：123.

［29］董华锋，李菲. 川渝石窟唐宋摩崖题刻中的古代工匠资料辑考［J］. 敦煌研究. 2021（03）：86-94.

［30］张乃千，肖宇窗. 浅论巴蜀摩崖石窟群的空间布局［J］. 美术观察. 2020（06）：74-75.

［31］刘瑛楠，詹长法等.中国石窟研究知识图谱表征分析［J］.自然与文化遗产研究.2022，7（03）：44-63.

［32］肖波，张远远.中国石窟的文化特性与时代价值：基于313项国保单位的考察［J］.南方文物.2022（04）：251-257.

［33］李飞.川渝地区石窟及摩崖造像调查研究综述（2011—2020年）［J］.四川文物.2021（05）：83-103.

［34］龙清红，王剑平等.四川北朝石窟造像的调查与研究［J］.南方文物.2023（02）：284-291.

［35］陈晓瑜，张婷.我国石质文物分类研究［J］.石窟与土遗址保护研究.2022，1（01）：39-46.

［36］张向前，赵岗等.石窟寺类文化遗产可持续发展指标体系构建研究［J］.地理研究.2023，42（12）：3331-3348.

［37］蔡攀.安岳石窟的卷轴式分布格局对现代城市生存空间的意义［J］.四川戏剧.2018（01）：185-189.

［38］王梦娇，马健.巴蜀文化旅游走廊四川区域十大重点建设主题战略构想［J］.四川省干部函授学院学报.2023（04）：21-26.

［39］孙琳.加强川渝石窟寺文物管理的法治化路径研究［J］.重庆行政.2022（05）：58-61.

［40］邹统钎.国家文化公园管理总论［M］.北京：中国旅游出版社，2021.

［41］杨昊，李昌禹.高质量推进国家公园建设［R］.人民日报.2023.12.14：第18版.

［42］陈君帜，叶菁等.国家公园社会影响体系构建与评价——以秦岭国家公园为例［J］.中国园林.2022，38（04）：

20-25.

[43]唐承财,黄梓若.文化强国战略下中国国家文化公园研究述评与展望[J].干旱区资源与环境.2023,37(06).

[44]樊潇飞,Kim Kyung Yee.新时代文化旅游发展中建设国家文化公园的价值、问题与优化[J].社会科学家.2022(12):51-57.

[45]戴俊骋.国家文化公园研究的路径分析[J].旅游学刊.2023,38(06):40-51.

[46]范周.文化数字化战略背景下国家文化公园的发展向度和建设思考[J].人民论坛·学术前沿.2022(23):48-55.

[47]席岳婷.国家考古遗址公园文化旅游研究[M].北京:科学出版社,2020.

[48]王新,文刘飒.考古遗址公园视域下大遗址价值评估方法研究——兼论统万城遗址价值评估[J].东南文化.2023(01):13-23.

[49]钟晨,薛玉峰.考古遗址公园建设中"真实性"保护展示途径探讨——以隋唐洛阳城定鼎门遗址公园规划为例[J].中国园林.2022,38(03):129-133.

[50]王刃馀.国家考古遗址公园形态与核心价值利用刍议[J].南方文物.2019(03):260-263.

[51]田湘萍."泛博物馆"视野下的国家考古遗址公园展示利用研究[J].中国博物馆.2023(05):71-76.

[52]王新文,易雨婕.国家考古遗址公园规划实施效果评估研究——以汉长安城未央宫为例[J].西安建筑科技大学学报(自然科学版).2023,55(05):720-728.

[53] 魏文婉，杨心雨.基于文本挖掘的考古遗址公园规划影响评估研究——以苏家垄遗址为例［J］.江汉考古.2022（06）：124-131.

[54] 汤学锋.让城市守护历史 让历史守望未来——屈家岭考古遗址公园建设现状与路径思考［J］.江汉考古.2019（S2）：127-131.

[55] 王京传.国家考古遗址公园功能及其实现机制研究［M］.北京：人民出版社，2023.

[56] 焦玉环.用长城文化激活乡村振兴［J］.文物鉴定与鉴赏.2023（06）：170-173.

[57] 李强.浅论国家文化公园建设与沿线乡村振兴［J］.戏友.2022（05）：25-26.

[58] 谢振斌等.川渝石窟保护利用的现状与思考［N］.中国文物报.2017.

[59] 张倩.云冈石窟的文旅价值与内生融合模式分析［J］.西部旅游.2023（19）：49-51.

[60] 罗雪滢，赵婧.文旅融合背景下乐山旅游沉浸式体验研究［J］.市场周刊.2022，35（10）：78-81.

[61] 李如玉.中国世界文化遗产地的研学旅行实践研究——以平遥古城和云冈石窟为例［D］.济南：山东大学，2021.

后 记

作为一位在大足扎根的外地人,这片土地带给我最初的震撼,毫无疑问,来自大足石刻。记得那是2017年3月份的一个下午,刚入职没多久的我跟随校领导一起去宝顶山石刻景区做接待工作,在一旁听着讲解员娓娓道来,感受着大足石刻的文化魅力,于赞叹古人智慧的同时,也在我心中埋下了石刻文化的种子。

后来,我开发了一堂党课《品大足石刻,修为政之德》,也成为大足区孝廉文化实践教学基地(宝顶山石刻景区)的一名讲师,变成了我为别人讲述石刻。在给一个个班次、一名名学员讲述大足石刻蕴含的中华优秀传统文化,蕴含的石刻文化故事时,我心中的那颗种子也在不断发芽、生枝、开花……

直至今天,本书的出版,也算是经过六年不懈努力的一个美好成果,期间也付出了不少心血。感谢长辈夏明宇教授的悉心指导,他用渊博的知识启蒙和指引了我的写作之路,他用孜孜不倦的工作态度和文化责任,激励着我不断前进。感谢我家先生夏波博士,在他的鼓励和大力支持下,本书才能完稿并顺利付梓。他沉得下心、勤于钻研并善于研究的工作作风深深地影响着我,让我有足够的毅力和信心来实现这个写作心愿。感谢工作单位大足区委党校对青年教师科研的重视和支持，感谢作家、出版家张艾子先生对年轻人出版工作的扶助，感谢大足石刻研究院、安岳石刻研究院在我写作过程中为我提供翔实的资料，还有众多帮助我的家人和朋友们，也谨在此一并深表谢忱！

  我深知自己是个眼高手低、志大才疏的人，对于川渝石窟寺国家遗址公园建设这样一个研究成果少之又少的研究课题，自己能否把它写好，一直是非常不自信的。但这毕竟是我的第一本书，写书的过程也是逼着我多学习、多思考，不断充实和完善自我的过程。它是我教学科研生涯中一个意义非凡的成果，激励着我不忘初心、不断进步、永远向前。当然，书中难免存在错误和不足，敬请广大专家和广大读者批评指正。

李远丹

2024年3月17日